이화 한국어

이화 한국어 Workbook 6

지은이 박진철 · 조정민 · 조인숙 · 이수행 · 박수연

펴낸날 1판 1쇄 2012년 10월 5일
3쇄 2018년 9월 4일

펴낸이 김헌민 **펴낸곳** 이화여자대학교출판문화원
주소 서울특별시 서대문구 이화여대길 52(우03760) **등록** 1954년 7월 6일 제9-61호
전화 02) 3277-2965(편집), 02) 362-6076(마케팅)
팩스 02) 312-4312 **전자우편** press@ewha.ac.kr **홈페이지** www.ewhapress.com

책임편집 이혜지, 민지영 **디자인** design **Vita** **일러스트** 이지영 **인쇄** (주)현문자현

ISBN 978-89-7300-961-9 14710
978-89-7300-875-9 (세트)
값 14,000원

* 잘못된 책은 바꾸어 드립니다.

이화여자대학교 언어교육원
Ewha Womans University
Ewha Language Center

이화 한국어

박진철·조정민·조인숙·이수행·박수연 지음

Workbook 6

책을 펴내면서

이화여자대학교 언어교육원은 국내 최초의 의사소통 중심 교재 『말이 트이는 한국어(Pathfinder in Korean)』를 발간한 지 12년 만에 새로운 의사소통 중심 교재 『이화 한국어(Ewha Korean)』를 발간하게 되었습니다. 지난 10여 년 동안 『말이 트이는 한국어(Pathfinder in Korean)』는 세계 각국에서 한국어 교재로 널리 사용되어 왔으며 현재까지도 외국인들에게 한국어 학습의 좋은 길잡이가 되고 있습니다. 그러나 새로운 시대 흐름에 맞춘 교재 집필이 필요하다고 생각되어 언어교육원에서는 2008년부터 『이화 한국어(Ewha Korean)』 개발에 착수하였으며, 교육과학기술부의 '2009 한국어 연수 프로그램 지원사업'에 선정되어 교재 개발에 박차를 가할 수 있게 되었습니다. 그리고 지난 일 년 간 언어교육원 한국어 과정에서 몇 차례의 시험 사용, 수정 작업을 거쳐 발간하기에 이르렀습니다. 『이화 한국어(Ewha Korean)』 시리즈는 1급에서 6급까지 총 30권의 교재와 연습서로 구성되며, 앞으로 단계적으로 발간될 예정입니다.

『이화 한국어(Ewha Korean)』는 말하기 · 듣기 · 읽기 · 쓰기의 통합 교재이며 초급부터 고급까지 연계적으로 구성되어 있습니다. 이 교재는 네 가지 언어 기능의 균형 있는 발전을 유도하면서도 특히 말하기 능력을 강화하도록 고안된 것이 특징입니다. 말하기 연습을 유도하는 장치로 'Try it'을 활용하였는데 이것은 외국인 학습자가 주도적으로 대화를 이끌어 갈 수 있도록 담화 순서와 문장의 핵심어를 담은 것입니다. 이 장치를 따라 말하기 연습을 함으로써 학습자는 단순 암기 방식에서 벗어나서 주도적으로 대화를 이끌어 가는 능력을 기를 수 있을 것입니다. 또한 최근 학습자 성향과 편의를 고려하여 1~3급은 교재를 두 권으로 구성하였으며, 1급과 2급은 영어, 일본어, 혹은 중국어(간체, 번체)로 설명을 넣는 등 세밀하게 학습자 요구를 반영하고자 하였습니다.

이화여자대학교 언어교육원을 대표하여, 『이화 한국어(Ewha Korean)』가 출간되기까지 이 책의 저자들이 쏟은 열정과 노고에 대해서 깊은 감사를 드립니다. 또한 내용 구성에 많은 조언을 해 주신 이해영, 김영규, 최형용, 박선희 교수님께 감사의 말씀을 드리며, 문학 부분에 조언을 해 주신 김현자 교수님께도 감사의 말씀을 드립니다. 또한 편집과 출판을 맡아 주신 이화여자대학교출판문화원에도 고마움을 전합니다.

앞으로 『이화 한국어(Ewha Korean)』가 국내외에서 한국어 교재로 널리 활용되어 한국어를 쉽고 재미있고 효과적으로 교수 · 학습하는 데 기여하기를 기대합니다.

2010년 6월

이화여자대학교 언어교육원

원장 양 혜 순

차례

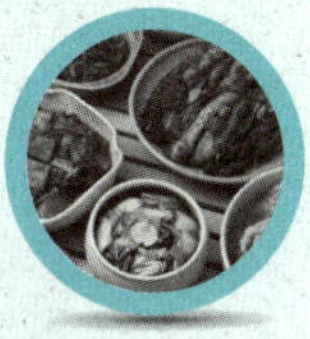

Workbook 구성표

단원	제목	내용: 어휘	내용: 준비합시다
1	개인과 사회	공동체 관련 어휘 어휘 확장 시작 관련 표현 사자성어 동병상련 만장일치 솔선수범 수수방관 십시일반 이심전심	-(으)ㄴ/는 감이 있다 -(으)련마는 -(으)ㄴ들
2	창의적 사고	창의적 사고 관련 어휘 어휘 확장 변화 관련 표현 사자성어 각양각색 격세지감 반신반의 변화무쌍 유일무이 천고마비	(이)나 다름없다 -기로서니 -느냐에 달려 있다
3	한국의 맛과 멋	한국 기행 관련 어휘 어휘 확장 고생 관련 표현 사자성어 문전성시 방방곡곡 산해진미 삼삼오오 유유자적 점입가경	-(으)ㄴ/는 만큼 -거니와 -느니
4	학교와 교육	교육 관련 어휘 어휘 확장 집중 관련 표현 사자성어 동문서답 박학다식 일취월장 주경야독 팔방미인 학수고대	-(으)ㄴ/는 가운데 -다 못해 -아/어 치우다
5	한국의 문자와 언어	언어 관련 어휘 어휘 확장 말 관련 표현 사자성어 감언이설 단도직입 언중유골 언행일치 왈가왈부 횡설수설	-자니 -네 -네 하다 -되
6	경영 전략	경영 관련 어휘 어휘 확장 경쟁 관련 표현 사자성어 견물생심 금상첨화 다다익선 소탐대실 일확천금 천정부지	-기는 고사하고 -(으)ㄹ라치면 -ㄴ/는다는
7	한국인의 일생	일생 관련 어휘 어휘 확장 죽음 관련 표현 사자성어 고진감래 대기만성 백년해로 자수성가 전화위복 파란만장	-(으)ㄴ/는 양 -는 둥 마는 둥 하다 -(으)ㄹ지언정
8	환경과 에너지	환경 관련 어휘 어휘 확장 끝 관련 표현 사자성어 과유불급 구사일생 불가항력 설상가상 속수무책 자업자득	-는 통에 -겠거니 하고 -(으)ㄹ 바에(야)
9	주거와 생활	주거 관련 어휘 어휘 확장 잠 관련 표현 사자성어 가가호호 동고동락 배산임수 사면초가 사방팔방 사상누각	-기(에) 망정이지 -(으)려고 들다 -(으)ㄴ/는 마당에
10	창작과 예술	예술 관련 어휘 어휘 확장 감동 관련 표현 사자성어 감개무량 대서특필 시시각각 유언비어 일맥상통 일석이조	-건 -건 -ㄴ/는다손 치더라도 -(으)ㄴ/는/(으)ㄹ 바

내용		
읽어 봅시다	써 봅시다	말해 봅시다
사회에 기여한 인물에 대한 인터뷰 기사문 읽기	봉사 활동 참여에 대한 투고문 쓰기	사회에 기여한 사례에 대해 발표하기 기능 표현 발표 내용의 개요 소개하기
창의적 사고에 대한 투고문 읽기	발명의 사례에 대한 설명문 쓰기	고정 관념에서 벗어나기 위한 방법에 대해 토의하기 기능 표현 발언이 주제에서 벗어났음을 지적하며 하기
향토 음식의 발달 요인에 대한 설명문 읽기	문화 유적 답사기 쓰기	향토 음식이 발달한 지리적인 요인에 대해 발표하기 기능 표현 새로운 화제로 전환하며 말하기
성공적인 학습 비결에 대한 칼럼 읽기	학교 교육의 문제 해결을 위한 투고문 쓰기	능력별 학급 운영에 대해 토론하기 기능 표현 상대방의 발언 중 끼어들어 말하기
한국어의 특징에 대한 설명문 읽기	한국어의 특징에 대한 설명문 쓰기	문자의 특징에 대해 발표하기 기능 표현 청중의 이해를 도우며 말하기
실패와 도전에서 배우는 경영 전략에 대한 칼럼 읽기	고객 서비스 개선에 대한 건의문 쓰기	경영 전략에 대해 토의하기 기능 표현 해결책을 제시하며 말하기
죽음에 대한 설명문 읽기	인생의 전환점에 대한 에세이 쓰기	장례 문화에 대해 발표하기 기능 표현 특징적인 내용을 부각해서 말하기
녹색 소비에 대한 칼럼 읽기	환경 운동 참여를 촉구하는 연설문 쓰기	댐 건설의 필요성에 대해 토론하기 기능 표현 질문하며 반론 제기하기
아파트의 변화에 대한 잡지 기사문 읽기	새로운 주거 형태의 특징에 대한 설명문 쓰기	전통 가옥의 특징에 대해 발표하기 기능 표현 자신의 발표의 의의와 한계점 밝혀 말하기
소설 『아홉 살 인생』 읽기	원작과 영화를 비교해서 비평문 쓰기	문화 콘텐츠 성공 조건에 대해 토의하기 기능 표현 상대방의 의견을 일부 인정하며 반론 제기하기

Workbook 구성과 사용법

- 『이화 한국어 Workbook 6』은 『이화 한국어 6』에 맞춰 개발된 연습서입니다. 이 연습서는 교재 내용에 대해 보충 학습, 심화 학습이 가능하도록 설계되었으며, 교실 내 수업과 개인 학습에서 모두 사용할 수 있도록 개발되었습니다.
- 『이화 한국어 Workbook 6』은 **어휘** ⇨ **준비합시다** ⇨ **읽어 봅시다** ⇨ **써 봅시다** ⇨ **말해 봅시다**로 구성되었습니다.

어휘 단원의 주요 어휘에 대한 연습입니다. 이 부분에서 다룬 어휘들은 단원의 필수 어휘이므로 반드시 학습자가 기억해야 하는 내용들입니다.

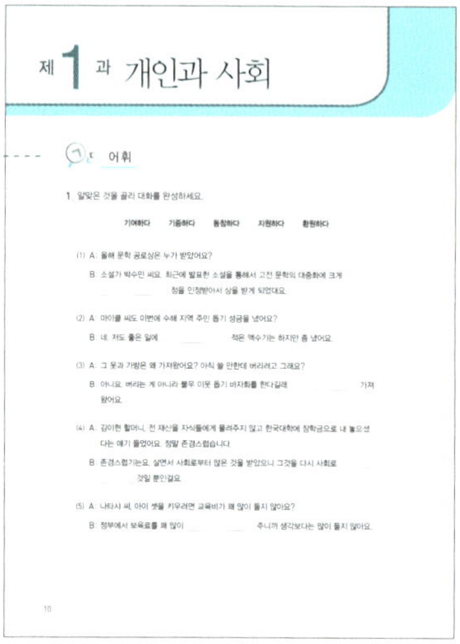
제 1 과 개인과 사회

어휘

1. 알맞은 것을 골라 대화를 완성하세요.

기여하다 기증하다 동참하다 지원하다 환원하다

(1) A: 올해 문학 공로상은 누가 받았어요?
B: 소설가 박수민 씨요. 최근에 발표한 소설을 통해서 고전 문학의 대중화에 크게 ______ 점을 인정받아서 상을 받게 되었대요.

(2) A: 마이클 씨도 이번에 수해 지역 주민 돕기 성금을 냈어요?
B: 네. 저도 좋은 일에 ______ 적은 액수기는 하지만 좀 냈어요.

(3) A: 그 옷과 가방은 왜 가져왔어요? 아직 쓸 만한데 버리려고 그래요?
B: 아니요. 버리는 게 아니라 불우 이웃 돕기 바자회를 한다길래 ______ 가져왔어요.

(4) A: 김이현 할머니, 전 재산을 자식들에게 물려주지 않고 한국대학에 장학금으로 내 놓으셨다는 얘기 들었어요. 정말 존경스럽습니다.
B: 존경스럽기는요. 살면서 사회로부터 많은 것을 받았으니 그것을 다시 사회로 ______ 것일 뿐인걸요.

(5) A: 나타샤 씨, 아이 셋을 키우려면 교육비가 꽤 많이 들지 않아요?
B: 정부에서 보육료를 꽤 많이 ______ 주니까 생각보다는 많이 들지 않아요.

10

준비합시다 단원의 문법 항목에 대해 1~2개의 연습을 제시하여 정확한 문법 사용 능력을 기를 수 있도록 설계하였습니다. 이 부분에서 다룬 연습 문제는 교재의 문법 학습 시에 함께 사용할 수 있으며, 학습자 스스로 복습 자료로 사용할 수도 있습니다.

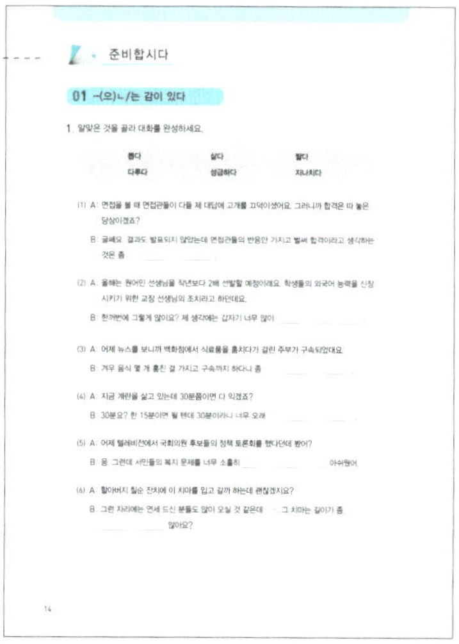
준비합시다

01 -(으)ㄴ/는 감이 있다

1. 알맞은 것을 골라 대화를 완성하세요.

짧다 살다 빨다
다루다 성급하다 지나치다

(1) A: 면접을 볼 때 면접관들이 다들 제 대답에 고개를 끄덕이셨어요. 그러니까 합격은 따 놓은 당상이겠죠?
B: 글쎄요. 결과도 발표되지 않았는데 면접관들의 반응만 가지고 벌써 합격이라고 생각하는 것은 좀 ______

(2) A: 올해는 원어민 선생님을 작년보다 2배 선발할 예정이래요. 학생들의 외국어 능력을 신장시키기 위한 교장 선생님의 조치라고 하던데요.
B: 한꺼번에 그렇게 많이요? 제 생각에는 갑자기 너무 많이 ______

(3) A: 어제 뉴스를 보니까 백화점에서 식료품을 훔치다가 걸린 주부가 구속되었대요.
B: 겨우 음식 몇 개 훔친 걸 가지고 구속까지 하다니 좀 ______

(4) A: 지금 계란을 삶고 있는데 30분쯤이면 다 익겠죠?
B: 30분요? 한 15분이면 될 텐데 30분이라니 너무 오래 ______

(5) A: 어제 텔레비전에서 국회의원 후보들의 정책 토론회를 했다던데 봤어?
B: 응. 그런데 서민들의 복지 문제를 너무 소홀히 ______ 아쉬웠어.

(6) A: 할아버지 칠순 잔치에 이 치마를 입고 갈까 하는데 괜찮겠지요?
B: 그런 자리에는 연세 드신 분들도 많이 오실 것 같은데 그 치마는 길이가 좀 ______ 않아요?

14

읽어 봅시다 단원 주제와 관련된 내용의 읽기 과제를 제시하였습니다. 학습자가 다양한 유형의 실제 자료를 접할 수 있도록 제시하였습니다.

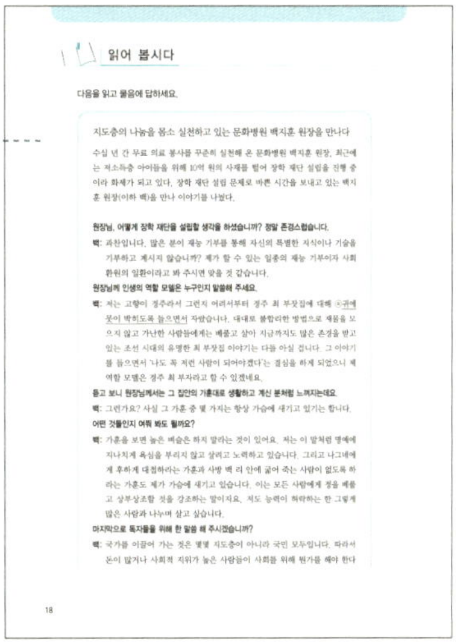
읽어 봅시다

써 봅시다 단원의 주제와 관련된 내용의 쓰기 과제를 제시하였습니다. 학습자의 부담을 줄여 주고자 정보를 제공하고 그것을 참고로 글을 쓸 수 있도록 구성하였습니다. '정답' 부분에 모범글을 제시하여 학습자 스스로 확인 학습이 가능하게 하였습니다.

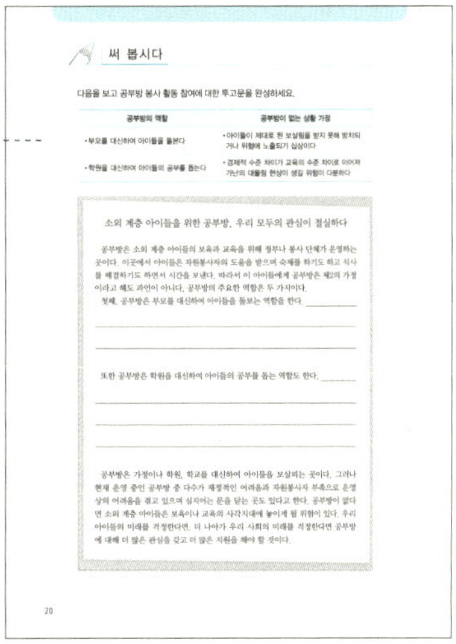
써 봅시다

말해 봅시다 교재에 제시된 주제와 관련된 발표, 토의, 토론의 한 부분을 제시하였습니다. 학습자가 관련된 기능 표현을 익히고 발표, 토의, 토론의 내용을 점검할 수 있도록 연습 문제도 제공하였습니다.

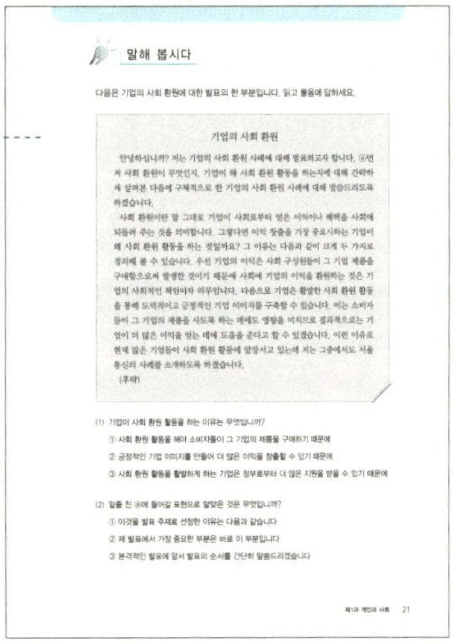
말해 봅시다

제 1 과 개인과 사회

어휘

1. 알맞은 것을 골라 대화를 완성하세요.

기여하다 기증하다 동참하다 지원하다 환원하다

(1) A: 올해 문학 공로상은 누가 받았어요?

B: 소설가 박수민 씨요. 최근에 발표한 소설을 통해서 고전 문학의 대중화에 크게 ________________ 점을 인정받아서 상을 받게 되었대요.

(2) A: 마이클 씨도 이번에 수해 지역 주민 돕기 성금을 냈어요?

B: 네. 저도 좋은 일에 ________________ 적은 액수기는 하지만 좀 냈어요.

(3) A: 그 옷과 가방은 왜 가져왔어요? 아직 쓸 만한데 버리려고 그래요?

B: 아니요. 버리는 게 아니라 불우 이웃 돕기 바자회를 한다길래 ________________ 가져왔어요.

(4) A: 김이현 할머니, 전 재산을 자식들에게 물려주지 않고 한국대학에 장학금으로 내 놓으셨다는 얘기 들었어요. 정말 존경스럽습니다.

B: 존경스럽기는요. 살면서 사회로부터 많은 것을 받았으니 그것을 다시 사회로 ________________ 것일 뿐인걸요.

(5) A: 나타샤 씨, 아이 셋을 키우려면 교육비가 꽤 많이 들지 않아요?

B: 정부에서 보육료를 꽤 많이 ________________ 주니까 생각보다는 많이 들지 않아요.

2. 알맞은 것을 골라 대화를 완성하세요.

공약	모범	상승세

(1) A: 앞으로 경기가 좀 나아질까요?

B: 네. 물가도 안정되고 있고 주가도 연일 ________을/를 타고 있으니 차츰 나아질 것 같아요.

(2) A: 선생님, 사실 교실 유리창을 깬 건 저예요. 친구들과 야구공을 가지고 장난을 치다가 야구공이 유리창 쪽으로 날아가는 바람에…….

B: 쯧쯧, 너는 반장이면서 다른 친구들한테 ________을/를 보이기는커녕 말썽이나 피우고 다니면 어떻게 하니?

(3) A: 저는 이번 국회의원 선거에서 김영철 후보가 당선됐으면 좋겠어요.

B: 아니, 왜요?

A: 그 후보는 고등학교까지의 무상 교육을 ________(으)로 내걸었거든요. 그러니까 그 후보가 당선되면 아이들 교육비 부담이 많이 줄 것 같아서요.

3. 알맞은 것을 골라 문장을 완성하세요.

고무적	냉소적	인공적

(1) 이현수는 ________인 점들을 배제하고 자연스러운 아름다움을 추구하는 화가로 유명하다.

(2) 민준 씨는 차갑고 잘 웃지도 않는 데다가 주위 사람들의 말에는 ________으로 반응한다. 그래서 동료들은 민준 씨와 가까이 지내려고 하지 않는다.

(3) 하락하기만 하던 취업률이 몇 달 전부터 조금씩 상승하고 있는 것은 굉장히 ________인 현상이다.

4. 알맞은 것을 골라 대화를 완성하세요.

운을 떼다	발을 들여놓다	서막을 올리다
출발선에 서다	첫 단추를 끼우다	

(1) A: 김성준 씨, 아역 배우로 출발해서 30년 동안 영화배우로 많은 사랑을 받고 계신데요. 혹시 아쉽거나 후회스러운 일은 없으신가요?

B: 너무 어린 나이에 연예계에 ________________ 친구들과 학창 시절의 추억을 제대로 만들지 못한 것이 지금도 후회가 되네요.

(2) A: 난 네가 그렇게 규모도 작고 업무 환경도 형편없는 회사에 입사하는 건 반대다.

B: 아빠, 저는 예전부터 제 꿈이었던 디자인을 할 수 있어서 그 회사에 들어가려는 거니까 그런 건 아무래도 상관없어요.

A: 아무리 그래도 네가 대기업에서 직장 생활의 ________________ 바랐는데 속이 좀 상하는구나.

(3) A: 미셸 씨도 한국 전통 음식 축제에 가 보고 싶다고 했지요? 이번 금요일부터라는데 같이 갈까요?

B: 좋아요. 기다리고 기다리던 한국 전통 음식 축제가 ________________ 안 가 볼 수 없지요.

(4) A: 짝사랑하고 있다던 여자에게 고백했어요?

B: 아니요. 먼발치에서 보기만 해도 너무 떨려서 고백은커녕 ________________ 못 했어요.

(5) (인터뷰에서)

A: 올해 가장 높은 연봉을 받고 프로 구단에 입단하게 되셨는데요, 각오 한 말씀 부탁드립니다.

B: 저는 지금 프로 축구 선수로서 ________________ 있다고 생각합니다. 팀의 막내로서 팀의 우승을 위해 저 자신을 희생하겠다는 각오로 뛰겠습니다.

5. 알맞은 것을 골라 대화를 완성하세요.

동병상련	만장일치	솔선수범
수수방관	십시일반	이심전심

(1) A: 요코 씨 송별회는 언제 하기로 했어요?

B: 토요일 저녁 6시요. 반 친구들이 모두 ________________(으)로 토요일이 좋다고 해서 그렇게 결정했어요.

(2) A: 제이슨 씨, 비도 오는데 오늘 저녁에는 김치전이나 부쳐 먹을까요?

B: 좋아요. 저도 김치전이 먹고 싶었는데 티엔 씨도 그랬군요. 우리 ________________(으)로 통했네요.

(3) A: 영철이 아버지의 사업이 망하는 바람에 영철이가 경제적으로 굉장히 어려워졌대. 월세 방 구할 돈도 없다던데 우리가 도울 방법이 없을까?

B: 우리가 조금씩 돈을 걷으면 어떨까? 적은 액수라고 하더라도 우리 모두가 ________________(으)로 모으면 도움이 되지 않겠어?

(4) A: 10년째 고아원에 봉사 활동을 다니고 계신다고 들었습니다. 어떻게 이런 활동을 시작하게 되었습니까?

B: 저는 어렸을 때 부모님께서 사고로 돌아가셔서 고생을 많이 했었습니다. 그래서 저와 비슷한 처지에 있는 사람들과 ________________(의) 마음을 나누고자 시작하게 되었지요.

(5) A: 마이클 씨 회사 사장님은 어떤 분이세요? 좀 무서워 보이던데요.

B: 무슨 말씀이세요? 우리 사장님은 항상 직원들을 먼저 챙기시고 힘든 일이 있으면 제일 먼저 나서서 ________________하시는 분이신데요.

(6) A: 몇 년 전부터 물가가 너무 올라서 정말 걱정이에요.

B: 맞아요. 이렇게 서민 경제가 어려운데 정부에서는 대책을 세울 생각은 안 하고 ________________만 하고 있는 것 같아서 정말 화가 나요.

준비합시다

01 -(으)ㄴ/는 감이 있다

1. 알맞은 것을 골라 대화를 완성하세요.

뽑다	삶다	짧다
다루다	성급하다	지나치다

(1) A: 면접을 볼 때 면접관들이 다들 제 대답에 고개를 끄덕이셨어요. 그러니까 합격은 따 놓은 당상이겠죠?

B: 글쎄요. 결과도 발표되지 않았는데 면접관들의 반응만 가지고 벌써 합격이라고 생각하는 것은 좀 ＿＿＿＿＿＿＿＿ .

(2) A: 올해는 원어민 선생님을 작년보다 2배 선발할 예정이래요. 학생들의 외국어 능력을 신장시키기 위한 교장 선생님의 조치라고 하던데요.

B: 한꺼번에 그렇게 많이요? 제 생각에는 갑자기 너무 많이 ＿＿＿＿＿＿＿＿ .

(3) A: 어제 뉴스를 보니까 백화점에서 식료품을 훔치다가 걸린 주부가 구속되었대요.

B: 겨우 음식 몇 개 훔친 걸 가지고 구속까지 하다니 좀 ＿＿＿＿＿＿＿＿ .

(4) A: 지금 계란을 삶고 있는데 30분쯤이면 다 익겠죠?

B: 30분요? 한 15분이면 될 텐데 30분이라니 너무 오래 ＿＿＿＿＿＿＿＿ .

(5) A: 어제 텔레비전에서 국회의원 후보들의 정책 토론회를 했다던데 봤어?

B: 응. 그런데 서민들의 복지 문제를 너무 소홀히 ＿＿＿＿＿＿＿＿ 아쉬웠어.

(6) A: 할아버지 칠순 잔치에 이 치마를 입고 갈까 하는데 괜찮겠지요?

B: 그런 자리에는 연세 드신 분들도 많이 오실 것 같은데……. 그 치마는 길이가 좀 ＿＿＿＿＿＿＿＿ 않아요?

02 -(으)련마는

1. 알맞은 것을 골라 대화를 완성하세요.

가다　　나다　　묻다　　살다　　구입하다　　돌아오다

(1) A: 요코 씨, 노트북을 하나 새로 장만하지그래요. 이렇게 자꾸 고장이 나서 수리를 받으러 다니려면 귀찮지 않아요?

B: 물론 저도 그러고 싶지요. 모아 놓은 돈이 있으면 새로 ________________ 통장에 돈이 없으니 어쩔 도리가 없네요.

(2) A: 흐엉 씨, 열이 많이 나네요. 뭐라도 좀 먹었어요?

B: 아니요. 통 입맛이 없네요. 이럴 때에는 엄마가 만든 쌀국수 한 그릇 먹으면 입맛이 ________________ 그럴 수가 없으니 힘드네요.

(3) A: 수미 씨, 오늘 저녁에 찜질방에 가지 않을래요?

B: 또요? 아무리 찜질방을 좋아하는 사람이라도 그렇게 자주 가면 싫증이 ________________ 여전히 그렇게 찜질방에 가는 게 좋아요?

A: 네. 찜질방은 가도 가도 계속 가고 싶어지는걸요.

(4) A: 미셸 씨와 화해했어요?

B: 아니요. 화해는커녕 만나지도 못했어요. 만나기라도 하면 왜 화가 났는지 이유라도 ________________ 미셸 씨가 저를 피하는 것 같아서 정말 답답해요.

(5) A: 금요일부터 다시 한파가 몰아쳐서 영하 10도쯤 될 거래요.

B: 그래요? 날씨가 안 추우면 아이들을 데리고 놀이동산에라도 좀 ________________ 그 정도로 춥다면 그냥 집에 있는 게 낫겠네요.

(6) A: 왜 또 이사하려고 해요? 지금 사는 집이 마음에 든다고 했었잖아요.

B: 네. 그렇지만 집주인 아주머니가 집세를 올려 달라고 하셔서요. 너무 많이 올려 달라고 하지만 않으셨어도 더 ________________ 20만 원이나 올려 달라고 하셔서 어쩔 수 없네요.

2. 알맞은 것을 찾아 연결하고 문장을 완성하세요.

A	B
보기 바지를 입고 일하면 편하다	치마 정장을 입어야 해서 불편하다
(1) 생과일과 생야채를 먹는 것이 건강에 좋다	① 벼락치기로 공부했더니 녹초가 되었다
(2) 요리를 배워 뒀으면 반찬을 잘 만들다	② 전화번호를 몰라서 연락할 수 없다
(3) 일찍부터 시험 준비를 했으면 힘들지 않았다	③ 민지가 전화를 받지 않아서 집에서 빈둥거리고 있다
(4) 민지와 연락이 닿으면 함께 놀러 가다	④ 편하다는 이유로 가공된 주스를 사 먹게 되다
(5) 주머니가 넉넉하면 아르바이트를 하지 않다	⑤ 만들 줄 아는 반찬이 전혀 없다
(6) 고향에 돌아간 친구의 전화번호를 알면 연락해 보다	⑥ 용돈을 벌기 위해 수업이 끝나고 일해야 하다

보기 바지를 입고 일하면 편하련마는 치마 정장을 입어야 해서 불편하다.

(1) ____.

(2) ____.

(3) ____.

(4) ____.

(5) ____.

(6) ____.

03 -(으)ㄴ들

1. 알맞은 것을 골라 대화를 완성하세요.

돈을 많이 벌다	체중을 줄이다	방송에 출연하다
백화점이 들어서다	비가 억수같이 쏟아지다	시간이 흐르다

(1) A: 비가 정말 많이 오네요. 이런 상황에서 운동 동아리 모임을 할 수 있겠어요?

B: ______________________ 무슨 상관이에요? 오늘은 실내 체육관에서 모이잖아요.

(2) A: 왕카이 씨, 여자 친구하고 헤어진 지 벌써 2년이나 지났는데도 아직도 그 사람 생각을 하고 있으면 어떻게 해요?

B: 그 사람은 제 첫사랑이에요. 그러니 ______________________ 어떻게 그 사람을 잊겠어요?

(3) A: 다이어트 하느라고 이틀을 굶었더니 기운이 하나도 없어요.

B: 그런 식으로 해서 ______________________ 무슨 소용이 있겠어요? 그러니까 쓰러지기 전에 뭐라도 좀 먹고 기운부터 차리세요.

(4) A: 요 앞 사거리에 백화점이 생긴대요. 그러면 유동 인구도 많아질 테니 우리 지역의 경제에 도움이 되지 않겠어요?

B: 글쎄요. 그쪽은 교통이 별로 좋지 않으니까 ______________________ 사람들이 많이 가지 않을 것 같은데요.

(5) A: 리처드 씨가 연봉으로 1억 원을 받게 됐다는 얘기 들었지요? 그렇게 돈을 벌면 5년 안에 집도 살 수 있겠네요.

B: 글쎄요. 다른 사람이라면 몰라도 리처드 씨처럼 씀씀이가 크면 아무리 ______________________ 그렇게 빨리 집을 사기는 어렵지 않을까요?

(6) A: 수잔 씨가 어릴 때 헤어진 부모님을 찾으려고 방송에 출연하기로 결심했대요.

B: 그래요? 헤어진 지 20년이나 지났다던데 ______________________ 친부모님을 찾기가 쉽지는 않을 텐데요.

읽어 봅시다

다음을 읽고 물음에 답하세요.

지도층의 나눔을 몸소 실천하고 있는 문화병원 백지훈 원장을 만나다

수십 년간 무료 의료 봉사를 꾸준히 실천해 온 문화병원 백지훈 원장. 최근에는 저소득층 아이들을 위해 10억 원의 사재를 털어 장학 재단 설립을 진행 중이라 화제가 되고 있다. 장학 재단 설립 문제로 바쁜 시간을 보내고 있는 백지훈 원장(이하 백)을 만나 이야기를 나눴다.

원장님, 어떻게 장학 재단을 설립할 생각을 하셨습니까? 정말 존경스럽습니다.

백: 과찬입니다. 많은 분이 재능 기부를 통해 자신의 특별한 지식이나 기술을 기부하고 계시지 않습니까? 제가 할 수 있는 일종의 재능 기부이자 사회 환원의 일환이라고 봐 주시면 맞을 것 같습니다.

원장님께 인생의 역할 모델은 누구인지 말씀해 주세요.

백: 저는 고향이 경주라서 그런지 어려서부터 경주 최 부잣집에 대해 ⓐ귀에 못이 박히도록 들으면서 자랐습니다. 대대로 불합리한 방법으로 재물을 모으지 않고 가난한 사람들에게는 베풀고 살아 지금까지도 많은 존경을 받고 있는 조선 시대의 유명한 최 부잣집 이야기는 다들 아실 겁니다. 그 이야기를 들으면서 '나도 꼭 저런 사람이 되어야겠다'는 결심을 하게 되었으니 제 역할 모델은 경주 최 부자라고 할 수 있겠네요.

듣고 보니 원장님께서는 그 집안의 가훈대로 생활하고 계신 분처럼 느껴지는데요.

백: 그런가요? 사실 그 가훈 중 몇 가지는 항상 가슴에 새기고 있기는 합니다.

어떤 것들인지 여쭤 봐도 될까요?

백: 가훈을 보면 높은 벼슬은 하지 말라는 것이 있어요. 저는 이 말처럼 명예에 지나치게 욕심을 부리지 않고 살려고 노력하고 있습니다. 그리고 나그네에게 후하게 대접하라는 가훈과 사방 백 리 안에 굶어 죽는 사람이 없도록 하라는 가훈도 제가 가슴에 새기고 있습니다. 이는 모든 사람에게 정을 베풀고 상부상조할 것을 강조하는 말이지요. 저도 능력이 허락하는 한 그렇게 많은 사람과 나누며 살고 싶습니다.

마지막으로 독자들을 위해 한 말씀 해 주시겠습니까?

백: 국가를 이끌어 가는 것은 몇몇 지도층이 아니라 국민 모두입니다. 따라서 돈이 많거나 사회적 지위가 높은 사람들이 사회를 위해 뭔가를 해야 한다

고 주장하기만 하는 건 좀 무책임한 감이 있는 것 같습니다. 돈과 권력이 있어야 사회에 기여할 수 있는 것은 아닙니다. 저를 포함한 사회 구성원 모두가 사회적 책무와 도덕성을 자각하고 사회를 위해 자신이 할 수 있는 방법을 찾아 실천하면 되는 것입니다.

인터뷰를 마무리하면서 사회적 지위에 걸맞은 도덕성을 갖추고 사회적 책무를 실천하고 있는 백지훈 원장이 이 시대를 사는 우리 모두의 역할 모델이라고 여겨졌다.

(1) 이 글의 내용으로 알맞은 것은 무엇입니까?

① 백지훈 원장의 역할 모델과 가치관

② 백지훈 원장의 재산 관리법과 경제관

③ 백지훈 원장의 의료 봉사 경험과 병원 설립 방안

(2) 백지훈 원장의 생각으로 가장 알맞은 것은 무엇입니까?

① 사회의 지도층은 사회적 책무와 도덕성을 자각해야 한다.

② 사회 구성원 모두가 사회적 책임과 도덕성을 갖추어야 한다.

③ 사회 구성원 모두가 재능 기부와 사회 환원을 생활화해야 한다.

(3) 경주 최 부잣집의 가훈의 취지가 **아닌** 것은 무엇입니까?

① 누구에게든 상관없이 인정을 베풀어라.

② 재물에 지나치게 욕심을 부리지 말고 사회에 기부하라.

③ 많은 사람에게 정을 베풀 수 있도록 높은 지위에 올라라.

(4) ⓐ와 같은 의미로 사용될 수 있는 것은 무엇입니까?

① 신경을 곤두세워 들으면서

② 기분이 나쁜 것을 꾹 참고 들으면서

③ 같은 말을 수차례 반복해서 들으면서

써 봅시다

다음을 보고 공부방 봉사 활동 참여에 대한 투고문을 완성하세요.

공부방의 역할	공부방이 없는 상황 가정
• 부모를 대신하여 아이들을 돌본다	• 아이들이 제대로 된 보살핌을 받지 못해 방치되거나 위험에 노출되기 십상이다
• 학원을 대신하여 아이들의 공부를 돕는다	• 경제적 수준 차이가 교육의 수준 차이로 이어져 가난의 대물림 현상이 생길 위험이 다분하다

소외 계층 아이들을 위한 공부방, 우리 모두의 관심이 절실하다

공부방은 소외 계층 아이들의 보육과 교육을 위해 정부나 봉사 단체가 운영하는 곳이다. 이곳에서 아이들은 자원봉사자의 도움을 받으며 숙제를 하기도 하고 식사를 해결하기도 하면서 시간을 보낸다. 따라서 이 아이들에게 공부방은 제2의 가정이라고 해도 과언이 아니다. 공부방의 주요한 역할은 두 가지이다.

첫째, 공부방은 부모를 대신하여 아이들을 돌보는 역할을 한다. ____________

____

____

또한 공부방은 학원을 대신하여 아이들의 공부를 돕는 역할도 한다. ________

____

____

____

공부방은 가정이나 학원, 학교를 대신하여 아이들을 보살피는 곳이다. 그러나 현재 운영 중인 공부방 중 다수가 재정적인 어려움과 자원봉사자 부족으로 운영상의 어려움을 겪고 있으며 심지어는 문을 닫는 곳도 있다고 한다. 공부방이 없다면 소외 계층 아이들은 보육이나 교육의 사각지대에 놓이게 될 위험이 있다. 우리 아이들의 미래를 걱정한다면, 더 나아가 우리 사회의 미래를 걱정한다면 공부방에 대해 더 많은 관심을 갖고 더 많은 지원을 해야 할 것이다.

말해 봅시다

다음은 기업의 사회 환원에 대한 발표의 한 부분입니다. 읽고 물음에 답하세요.

> **기업의 사회 환원**
>
> 안녕하십니까? 저는 기업의 사회 환원 사례에 대해 발표하고자 합니다. ⓐ____________________. 먼저 사회 환원이 무엇인지, 기업이 왜 사회 환원 활동을 하는지에 대해 간략하게 살펴본 다음에 구체적으로 한 기업의 사회 환원 사례에 대해 말씀드리도록 하겠습니다.
>
> 사회 환원이란 말 그대로 기업이 사회로부터 얻은 이익이나 혜택을 사회에 되돌려 주는 것을 의미합니다. 그렇다면 이익 창출을 가장 중요시하는 기업이 왜 사회 환원 활동을 하는 것일까요? 그 이유는 다음과 같이 크게 두 가지로 정리해 볼 수 있습니다. 우선 기업의 이익은 사회 구성원들이 그 기업 제품을 구매함으로써 발생한 것이기 때문에 사회에 기업의 이익을 환원하는 것은 기업의 사회적인 책임이자 의무입니다. 다음으로 기업은 활발한 사회 환원 활동을 통해 도덕적이고 긍정적인 기업 이미지를 구축할 수 있습니다. 이는 소비자들이 그 기업의 제품을 사도록 하는 데에도 영향을 미치므로 결과적으로는 기업이 더 많은 이익을 얻는 데에 도움을 준다고 할 수 있겠습니다. 이런 이유로 현재 많은 기업들이 사회 환원 활동에 앞장서고 있는데 저는 그중에서도 서울통신의 사례를 소개하도록 하겠습니다.
>
> (후략)

(1) 기업이 사회 환원 활동을 하는 이유는 무엇입니까?

① 사회 환원 활동을 해야 소비자들이 그 기업의 제품을 구매하기 때문에

② 긍정적인 기업 이미지를 만들어 더 많은 이익을 창출할 수 있기 때문에

③ 사회 환원 활동을 활발하게 하는 기업은 정부로부터 더 많은 지원을 받을 수 있기 때문에

(2) 밑줄 친 ⓐ에 들어갈 표현으로 알맞은 것은 무엇입니까?

① 이것을 발표 주제로 선정한 이유는 다음과 같습니다

② 제 발표에서 가장 중요한 부분은 바로 이 부분입니다

③ 본격적인 발표에 앞서 발표의 순서를 간단히 말씀드리겠습니다

제 2 과 창의적 사고

어휘

1. 알맞은 것을 골라 대화를 완성하세요.

발상 **여부** **현지** **인지도** **시행착오**

(1) A: 여행 가방은 다 쌌어? 목욕용품하고 우산, 물티슈 같은 것도 챙겼지?

B: 그런 건 가져가지 않고 ______________에서 사도 되잖아.

(2) A: 사장님, 하는 일마다 이렇게 성공하시는 비결이라도 있나요?

B: 저도 매번 성공하기만 한 것은 아니에요. 사실 이 식당을 차릴 때만 해도 메뉴 개발에 여러 번 실패하기도 하는 등 ______________을/를 여러 번 겪었거든요.

(3) A: 누가 그러던데 너희 부부가 이혼하기로 했다면서? 그게 사실이야?

B: 무슨 소리야? 남의 일에 대해서 사실 ______________을/를 확인하지도 않고 그렇게 함부로 말하면 어떻게 해?

(4) A: 마이클 씨의 나라에서도 한국산 자동차가 인기가 있어요?

B: 몇 년 전만 해도 그렇게 인기가 많았던 것 같지는 않아요. 그렇지만 요즘은 모르는 사람이 없을 정도로 ______________이/가 급상승하고 있어요.

(5) A: 앞으로 더 많은 약을 처방전 없이 살 수 있게 되면 편해질 것 같아요.

B: 그렇게 의사의 처방 없이 아무 약이나 복용해도 괜찮다고 생각하는 건 정말 위험한 ______________인데요.

2. ________에 들어갈 표현을 고르세요.

(1)

A: 리처드 씨, 기분이 안 좋아 보이네요. 오늘 회사에서 무슨 일 있었어요?

B: 과장님이 동료들 앞에서 내 실수를 ________________ 야단을 치셨어요.

① 암기하며　　② 지적하며　　③ 환기하며

(2)

A: 어떻게 종이로 전등을 만들 생각을 하게 되었습니까?

B: 어떻게 하면 버려지는 종이를 효과적으로 재활용할 수 있을까 고심하던 끝에 이 제품을 ________________ 되었습니다.

① 고안하게　　② 탄생하게　　③ 탈피하게

(3)

A: 디자인 공모전에 출품된 작품들을 보니 새롭고 독창적인 것들이 꽤 많던데요.

B: 그렇죠? ________________ 디자인들이 많아서 저희 디자인실 직원들한테도 좋은 자극이 되고 있어요.

① 신기한　　② 투박한　　③ 참신한

(4)

A: 머리가 지끈지끈 아파서 집중이 영 안 되네요.

B: 그래요? 그럼 기분 ________________ 잠깐 영화라도 한 편 보러 갔다 올까요?

① 교체하러　　② 변형하러　　③ 전환하러

(5)

A: 바늘하고 실 좀 빌려 주세요.

B: 네, 여기 있어요. 그런데 바늘하고 실은 왜요?

A: 셔츠의 단추가 ________________ 떨어지기 전에 미리 꿰매 놓으려고요.

① 의아해서　　② 담당해서　　③ 덜렁거려서

(6)

A: 곧 출시할 신제품의 판매를 늘리려면 어떻게 해야 할까요?

B: 시중의 다른 제품들과는 다른 ________________ 홍보 전략을 세워야지요.

① 구체화된　　② 상품화된　　③ 차별화된

3. 알맞은 것을 골라 대화를 완성하세요.

자취를 감추다	천지가 개벽하다	새 바람을 일으키다
무에서 유를 창조하다	어제 다르고 오늘 다르다	

(1) A: 요즘은 유행이 너무 빨리 변해서 따라갈 수가 없어요.

B: 맞아요. 얼마 전만 해도 미니스커트가 유행하더니 지금은 길고 통이 넓은 치마가 유행이잖아요. 정말 ______________________ 것 같아요.

(2) A: 발명은 발견과 어떻게 다른가요?

B: 발견은 이미 세상에 존재했지만 알려지지 않았거나 찾아내지 못한 것을 찾아내는 것이고 발명은 세상에 존재하지 않았던 것을 새로 만들어 내는, 이른바 ______________________ 것이라고 할 수 있지요.

(3) A: 엄마, 이 책에 타자기라는 게 나와 있는데 이게 뭐예요?

B: 그건 컴퓨터가 나오기 전에 타이핑을 할 때 사용하던 기계야. 지금은 컴퓨터가 일반화되면서 ______________________ 예전에는 흔히 볼 수 있었지.

(4) A: 엄마, 저 학교를 그만두고 취업하고 싶어요. 남들보다 빨리 사회에 나가서 자리를 잡는 게 현실적으로 더 나을 것 같아서요.

B: 뭐라고? 중학생이 그걸 지금 말이라고 하니? 그건 ______________________ 안 될 일이니 꿈도 꾸지 마.

(5) A: 다음 달에 전기 자동차가 출시된다는데 과연 잘 팔릴까요?

B: 그럼요. 연료비도 적게 들고 환경 오염도 줄일 수 있는데 안 팔릴 이유가 있겠어요? 그 전기 자동차는 머지않아 틀림없이 자동차 시장에 ______________________ 두고 보세요..

4. 알맞은 것을 골라 대화를 완성하세요.

각양각색	격세지감	반신반의
변화무쌍	유일무이	천고마비

(1) A: 네가 학생회장 선거에 출마할 거라는 얘기를 친구들한테 했어?

B: 응. 처음에는 다들 진짜냐고 몇 번이나 되물어보면서 ______________ 했어. 그렇지만 나중에는 잘 해 보라고 격려해 주더라고.

(2) A: 저 하늘 좀 보세요. 어쩌면 저렇게 구름 한 점 없이 파랗고 맑을까요?

B: 그러게요. 하늘을 보니 무더웠던 여름은 가고 ______________ 의 계절이라는 가을이 온 게 실감이 나네요.

(3) A: 요즘은 휴대 전화로 못 하는 게 없을 정도로 기능이 엄청나게 다양하더라고요. 처음 휴대 전화가 나왔을 때에는 걸어가면서 전화하는 게 신기하기까지 했었는데 말이에요.

B: 저도 가끔 그런 생각을 하는데 그럴 때마다 ______________ 을/를 느끼게 되더라고요.

(4) A: 정말 다채로운 꽃들을 심어 놓으셨네요. 종류별로 이렇게 가꾸려면 힘들지 않으세요?

B: 힘들기는요. 제가 꽃을 좋아해서 계절마다 ______________ 의 꽃들을 볼 수 있게 여러 종류로 심었어요.

(5) A: 요코 씨, 지금 뭐 하고 있어요?

B: 남자 친구에게 생일 선물로 줄 목도리를 뜨고 있어요. 제가 뜬 목도리는 아무 데서도 살 수 없는 ______________ 한 거니까 남자 친구가 좋아하겠지요?

(6) A: 배우 김진서는 정말 ______________ 한 매력을 가진 것 같지 않아요?

B: 맞아요. 얼마 전까지 방영된 드라마에서는 청순한 매력을 뽐내더니 이번에 개봉한 영화에서는 악역을 맡아서 완벽하게 소화했잖아요.

준비합시다

01 (이)나 다름없다

1. 알맞은 것을 골라 대화를 완성하세요.

가족	주식	청혼
치료제	반값 할인	휴식 시간

(1) A: 집 앞 마트의 전단지를 보니까 우유를 하나 사면 하나를 더 준다네요.

B: 그건 ____________________. 얼른 사러 가야겠어요.

(2) A: 인터넷에 난 기사를 보니까 주말에 무엇을 하느냐는 질문에 직장인 10명 중 7명이 잠을 실컷 잔다고 대답했고 단 1명만 취미 생활을 즐긴다고 대답했대요.

B: 하긴 제 생각에도 직장인 대부분에게 주말은 ____________________.

(3) A: 또 담배를 피워요? 담배를 너무 많이 피우는 거 아니에요?

B: 하루에 두 갑쯤 피우는 것 같아요. 담배를 안 피우면 영 집중이 안 되어서요.

A: 경택 씨에게 담배는 기호품이 아니라 밥 같은 ____________________ 것처럼 느껴질 때가 있어요.

(4) A: 어제 남자 친구가 뜬금없이 평생 자기한테 아침을 차려 줄 수 있겠냐고 묻더라고요. 저는 요리하는 거 별로 안 좋아하는데…….

B: 그래요? 제 생각에 그 말은 ____________________ 것 같은데요.

(5) A: 요즘은 3살 난 저희 딸의 재롱을 보는 게 사는 낙이에요. 아무리 직장에서 스트레스를 많이 받거나 몸이 아파도 집에 가서 딸을 보면 힘이 펄펄 나거든요.

B: 그래요? 딸아이의 재롱이 민철 씨한테는 ____________________.

(6) A: 소정 씨는 애완견과 함께 먹고 자는 것은 물론이고 어디에 가든지 데리고 다녀요.

B: 그걸 보니 소정 씨에게 애완견은 ____________________.

02 -기로서니

1. 알맞은 것을 골라 대화를 완성하세요.

많다	먹다	받다
싸다	어기다	똑똑하다

(1) A: 난 설 연휴 내내 출근해야 돼. 부장님이 업무가 밀렸다면서 그렇게 시키셨거든.

B: 아니, 어떻게 그럴 수가 있어? 아무리 일이 ________________ 설 연휴 내내 일한다는 게 말이 돼?

(2) A: 저 꼬마 보이죠? 5개 국어를 유창하게 구사한대요.

B: 말도 안 돼요. 아무리 ________________ 저렇게 어린 아이가 5개 국어를 할 수 있다니 믿을 수 없어요.

(3) A: 리처드 씨, 시험 때문에 스트레스가 너무 심하네요. 저는 그냥 시험을 보지 않을래요.

B: 뭐라고요? 아무리 스트레스를 ________________ 이제 와서 시험을 안 본다는 게 말이 돼요?

(4) A: 냉장고에 있던 아이스크림을 오빠가 먹었어? 내가 학교에 갔다 와서 먹으려고 아껴 놓은 건데 그걸 먹어 버리면 어떻게 해?

B: 내가 그걸 좀 ________________ 그렇게 화를 낼 것까지는 없잖아.

(5) A: 아니, 무슨 과일을 이렇게 많이 샀어요?

B: 버스 정류장 앞에 있는 과일 가게에서 싸게 팔길래 샀어요.

A: 아무리 ________________ 한꺼번에 사과 한 박스에 배 한 박스, 귤 한 박스를 사면 어떻게 다 먹어요?

(6) A: 만날 때마다 매번 늦거나 안 오고……. 앞으로 수진 씨하고는 절대 안 만날 거예요.

B: 제가 몇 번 약속을 ________________ 그렇게까지 말하는 건 너무하는 것 아니에요?

03 -느냐에 달려 있다

1. 알맞은 것을 찾아 연결하고 문장을 완성하세요.

A		B
보기 창업의 성공 여부	• —— •	실패 확률이 적은 품목을 선택하다
(1) 마라톤 대회 참가 여부	• •	① 체력을 잘 단련하다
(2) 새 정장 구입 여부	• •	② 병세가 호전됐다
(3) 결혼 생활의 행복 여부	• •	③ 부부가 서로 잘 맞춰 가다
(4) 퇴원 여부	• •	④ 업무 능력이 뛰어나다
(5) 휴가비 지급 여부	• •	⑤ 쇼핑할 예산이 많다
(6) 진급 여부	• •	⑥ 회사의 경제적 상황이 좋아졌다

보기 창업의 성공 여부는 얼마나 실패 확률이 적은 품목을 선택하느냐에 달려 있다.

(1) ______________________________.

(2) ______________________________.

(3) ______________________________.

(4) ______________________________.

(5) ______________________________.

(6) ______________________________.

2. 알맞은 것을 골라 대화를 완성하세요.

비가 그치다	비용을 들이다	재료로 만들다
가수가 출연하다	휴가비가 나오다	사장님이 결정하다

(1) A: 이번에 월급이 오를 거라던데 사실이에요?

B: 글쎄요, 사장님께서는 아직 결재를 안 하신 걸로 아는데요.

A: 그럼 아무것도 결정된 게 없는 거군요. 월급 인상 여부는 ______________________________.

(2) A: 과자 좀 그만 먹어요. 과자가 얼마나 몸에 해로운지 몰라요?

B: 과자라고 해서 다 해로운 건 아니에요. 음식이 몸에 좋고 나쁘고는 ______________________________.

(3) A: EBB방송국에서 콘서트를 개최한다는데 갈 거지요?

B: 누가 출연해요? 콘서트에 가느냐 마느냐는 ______________________________.

(4) A: 휴가지는 결정했어요? 이번에는 해외로 갈 거지요?

B: 아직 모르겠어요. 휴가지 선택은 ______________________________.

(5) A: 비가 오니까 내일 야유회는 취소되겠네요.

B: 내일 아침에 비가 안 오면 갈 수 있죠. 소풍을 가느냐 마느냐는 ______________________________.

(6) A: 가게의 인테리어를 좀 멋있게 바꾸고 싶은데 어떻게 해야 할까요?

B: 그건 인테리어에 ______________________________.

읽어 봅시다

다음을 읽고 물음에 답하세요.

수평적으로 사고하라

영화 〈죽은 시인의 사회〉(Dead Poets Society, 1989)를 보면 주인공인 키팅 선생이 학생들에게 책상 위로 올라가서 주변을 둘러보도록 하면서 새로운 각도에서 주변의 사물을 볼 수 있어야 함을 강조하는 장면이 나온다. 키팅 선생의 말은 통상적인 사고에서 벗어나 새로운 시각에서 사물을 관찰하고 사고하라는 뜻을 담고 있다. 즉, 수평적 사고의 중요성을 말하고자 한 것이다. 수평적 사고란 어떤 것일까?

논리적이고 관습적인 사고를 수직적 사고라고 한다면 ⓐ__________ 사고를 수평적 사고라 할 수 있다. 수직적 사고는 어떤 상황을 자세히 관찰하고 논리적인 규칙을 따져서 그 상황을 가장 논리적이고 정확하게 해결할 수 있는 방안을 도출하는 사고방식이다. 반면에 수평적 사고는 이러한 일반적인 ⓑ<u>사고의 궤도에서 벗어나</u> 새로운 각도에서 다양한 해결 방안을 이끌어 내는 방식이라 할 수 있다. 따라서 옳고 정확한 것만을 추구하는 수직적 사고와는 달리 수평적 사고에서는 다양한 접근 방법과 과정을 거쳐 합리적인 결론을 이끌어 내는 것을 추구한다.

따라서 수평적 사고를 통한 문제 해결은 수직적 사고를 통한 문제 해결과는 차이가 있다. 영화 〈달마야 놀자〉(2001)에는 스님이 사람들에게 '밑 부분이 깨진 독에 물 채우기'를 시키는 장면이 있다. 사람들은 독의 깨진 부분을 막고 물을 부어 보기도 하고 독 안에 들어가 자신이 물이라고 우겨 보기도 하지만 이 역시 억지일 뿐 적절한 해결 방법은 아니었다. 그럼 스님이 내놓은 방법은 과연 무엇일까? 그것은 바로 독에 물을 담는 것이 아니라 물에 독을 넣는 것이었다. 물에 깨진 독을 넣으면 그 틈으로 물이 들어가서 결과적으로는 독에 물이 차기 때문이다. 대부분의 사람들은 독의 깨진 부분을 막은 다음에 물을 그 독에 담는다는 일반적인 순서에 따른 ⓒ__________ 사고를 한다. 그러나 독에 물이 채워진 결과에서부터 출발하는 ⓓ__________ 사고를 한다면 이런 방법을 생각해 낼 수도 있는 것이다.

미래에는 수직적 사고에 익숙한 사람보다는 수평적 사고에 능한 사람이 주목을 받게 될 것이며 상상력과 창의력이 곧 경쟁력이 될 것이다. 그러므로 고정 관념에 얽매이지 말고 마치 세상에 익숙한 것, 당연한 것이라고는 아무것도 없는 것처럼 세상을 바라보며 수평적으로 사고하려는 자세가 필요하다. 얼마나 남들과 다른 시각에서 다양하게 사고하느냐에 자신의 미래가 달려 있다고 해도 과언이 아닌 것이다.

(1) 이 글의 주장으로 알맞은 것은 무엇입니까?

① 상황을 관찰한 다음에는 정해진 규칙에 이를 적용해야 한다.

② 문제에 대해 깊이 있고 논리적인 해결 방안을 도출해야 한다.

③ 고정 관념에서 벗어나서 새로운 각도에서 문제를 보아야 한다.

(2) ⓐ에 알맞은 것은 무엇입니까?

① 이성적이고 편파적인

② 일반적이고 기술적인

③ 직감적이고 상상적인

(3) ⓑ와 같은 의미로 사용될 수 **없는** 것은 무엇입니까?

① 생각의 틀을 깨고

② 정형화된 규칙에 따라서

③ 보편적인 생각에서 빠져 나와서

(4) ⓒ와 ⓓ에 알맞은 사고 유형을 쓰세요.

ⓒ______________ 사고

ⓓ______________ 사고

써 봅시다

다음을 보고 발명의 사례에 대한 설명문을 완성하세요.

주름 빨대 발명의 계기	주름이 잡힌 고무관은 어디로든 끌고 다니기 수월함을 알아차리다 → 빨대에 주름을 잡으면 사람이 몸을 일으키지 않고도 빨대를 구부려 음료수를 마실 수 있다는 점을 깨닫다
주름 빨대의 장점	몸을 일으키지 않고 누워서 음료수를 마실 수 있다 머리를 숙이지 않고 음료수를 마실 수 있다 일자형의 빨대에 비해 입 안이 찔릴 위험이 적다

아들에 대한 사랑으로 탄생한 주름 빨대

요즘은 각양각색의 빨대를 주변에서 흔히 볼 수 있다. 일자형의 긴 빨대, 윗부분에 주름이 잡혀 구부릴 수 있는 빨대, 아랫부분이 숟가락 모양으로 되어 있는 빨대, 뜨거운 음료를 조금씩 빨아 먹을 수 있도록 좁고 납작하게 만들어진 빨대 등이 그것이다. 그중에서도 고개를 숙이지 않고도 음료수를 마실 수 있도록 고안된 주름 빨대가 어떻게 생겨나게 되었는지에 대해 알아보자.

일본의 한 병원, 병상에 누워 있는 아들을 정성껏 간호하던 한 여성이 있었다. 아들은 식사를 제대로 할 수 없어서 우유를 마시기 일쑤였는데 이 날도 아들은 우유를 마시기 위해 힘들게 몸을 일으켰다. 이것이 안쓰러웠던 여성은 아들이 누운 채로 우유를 편하게 마실 수 있었으면 참 좋겠다는 생각을 하게 되었다.

그러던 어느 날 이 여성은 문득 수도꼭지에 끼워진 주름이 잡힌 고무관을 보고 주름이 잡힌 고무관은 어디로든 끌고 다니기 수월하게 만들어져 있음을 알아차리게 되었다. 그 순간 ______________________________

____

이렇게 발명된 주름 빨대 덕분에 이 여성의 아들이 누워서도 우유를 마실 수 있게 된 것은 말할 것도 없다. 이뿐만 아니라 ______________________________

____

____

주름 빨대가 아들에 대한 엄마의 사랑으로 탄생한 것처럼 발명의 성공은 자신의 주변에 대해 얼마나 사랑과 배려를 갖고 있느냐에 달려 있다고 해도 과언이 아니다.

말해 봅시다

다음은 고정 관념에서 벗어나기 위한 방법에 대한 토의의 한 부분입니다. 읽고 물음에 답하세요.

어떻게 하면 고정 관념에서 벗어날 수 있을까?

(전략)

사회자 앞서 요코 씨는 아무도 시도하지 않은 일을 해 보는 것이 고정 관념에서 벗어나기 위한 방법이라 말씀해 주셨습니다. 또 다른 방법은 없을까요?

마이클 제가 말씀드리겠습니다. 저는 다양한 종류의 책을 읽는 것 역시 고정 관념에서 벗어나기 위한 좋은 방법이라고 생각합니다. 소설을 예로 들어 보겠습니다. 소설에는 다양한 사고방식을 가진 여러 인물들이 등장합니다. 이 인물들은 소설 속 상황에서 각기 다른 방법으로 생각하고 행동하게 되지요. 따라서 독자는 소설을 읽으면서 이 인물들의 생각과 행동을 간접적으로 경험하고 이를 이해하려고 하게 되고요. 그 과정을 통해 독자는 자신이 고수하던 관점이나 사고방식이 고정 관념일 수 있음을 깨닫게 됩니다. 그러므로 저는 독서야말로 고정 관념에서 벗어날 수 있는 효과적인 방법이라고 생각합니다. 말이 나온 김에 독서 동아리를 만들어서 다 같이 정기적으로 독서를 하는 건 어떨까요?

사회자 마이클 씨의 의견 잘 들었습니다. 구체적인 예를 들어서 이해하기 쉽게 말씀해 주셨지만 마지막의 독서 동아리와 관련된 말씀은 토의의 주제와는 다소 거리가 있어 보입니다. ⓐ<u>토의의 주제를 환기해 볼까요?</u>

(후략)

(1) 소설에 대한 설명으로 알맞은 것은 무엇입니까?

① 소설을 읽으면서 독자는 다양한 사고방식과 행동을 접하게 된다.

② 소설에는 다양한 상황이 제시되므로 독자는 사회적인 문제를 깨닫게 된다.

③ 소설은 독자에게 소설 속 인물의 경험을 몸소 체험할 수 있는 기회를 제공한다.

(2) 밑줄 친 ⓐ와 바꿔 쓸 수 있는 표현은 무엇입니까?

① 토의의 주제를 누가 말해 주시겠어요?

② 토의의 주제를 바꿔서 진행을 해 볼까요?

③ 토의의 주제가 무엇이었는지 생각해 봅시다.

제 3 과 한국의 맛과 멋

어휘

1. 알맞은 것을 골라 대화를 완성하세요.

맵시	복원	실속	안배	운치	완주

(1) A: 문화재 ________________ 작업을 하실 때 가장 염두에 두는 것이 무엇입니까?

B: 저는 문화재를 원형 그대로의 상태로 보존하는 게 기본 중의 기본이라고 생각합니다.

(2) A: 한복의 종류가 정말 많아서 어떤 걸 선택해야 할지 도저히 모르겠어요.

B: 자신의 체형을 고려해서 선택하셔야 해요. 화사한 색깔의 한복이라도 체형에 맞지 않으면 ________________ 이/가 나지 않거든요.

(3) A: 이번 주말에 서울 마라톤 대회에 참가하기로 했다면서요? 준비를 많이 하신 만큼 우승하셨으면 좋겠어요.

B: 우승이라니요. 일단 기록보다는 ________________ 이/가 목표예요.

(4) A: 이제 곧 휴가철이 다가오는데 어떻게 하면 알뜰하고 ________________ 있게 여행을 다녀올 수 있을까요?

B: 갖고 있는 신용카드의 혜택과 쿠폰을 잘 이용하면 해외여행도 저렴하게 다녀올 수 있어요.

(5) A: 선생님, 기출문제를 푸는 게 한국어능력시험에서 높은 점수를 얻는 데 도움이 될까요?

B: 물론이지요. 그리고 문제를 풀 때는 실제 시험에서처럼 시간 ________________ 을/를 하는 연습도 해 보는 게 좋을 겁니다.

(6) A: 지난 주말에 전남 보성에 갔다 왔다면서요? 비가 왔었는데 괜찮았어요?

B: 비가 와서 다니기에는 좀 불편하긴 했지만 비에 젖은 차 밭이 ________________ 이/가 있어서 좋았어요.

2. 알맞은 것을 골라 대화를 완성하세요.

감안하다	난감하다	즐비하다

(1) A: 김영민 씨가 이번에 부장으로 승진한 게 사실이에요? 입사한 지 3년밖에 안 됐는데 정말 대단하네요.

B: 그렇죠? 김영민 씨의 근무 연수를 ________________ 정말 파격적인 것 같아요.

(2) A: 상하이에서 가 볼 만한 곳이 있으면 추천해 주세요.

B: 전통 정원인 예원에 한번 가 보세요. 중국풍의 건물들이 끝없이 늘어서 있고 상점마다 다양한 상품과 먹을거리가 ________________ 곳이거든요.

(3) A: 어, 갑자기 소나기가 쏟아지네요. 우산도 없는데 어쩌지요?

B: 저도 우산을 챙겨 오지 않았는데 정말 ________________ .

3. 알맞은 것을 골라 대화를 완성하세요.

백미로 손꼽히다	탄성이 터져 나오다	삼박자를 고루 갖추다

(1) A: 이번 주말에 시간이 있어요? 저와 같이 담양에 놀러 가지 않을래요?

B: 담양이면 수진 씨 고향이 아니에요?

A: 네. 제 고향에 가서 대통밥도 먹어 보고 대나무 숲에도 가 보면 어때요? 그곳은 한국 전통 정원의 ________________________ 곳이라서 가 볼 만해요.

(2) A: 배우 김민수가 나오는 드라마 봤어요? 정말 재미있던데요.

B: 네. 저도 챙겨 보고 있어요. 연기 잘하는 배우에 좋은 시나리오, 능력 있는 PD까지 ________________________ 드라마인 것 같아요.

(3) A: 이 사진 좀 보세요. 한라산 정상에서 친구와 같이 찍은 사진이에요.

B: 어머, 꼭대기까지 올라간 거예요? 힘들지 않았어요?

A: 힘들었지만 참고 끝까지 올라간 보람이 있었어요. 정상에서 내려다 본 풍경이 정말 멋져서 저절로 ________________________ .

4. 알맞은 것을 골라 대화를 완성하세요.

문전성시	방방곡곡	산해진미
삼삼오오	유유자적	점입가경

(1) A: 오늘 회사에 무슨 일이 있어요? 직원들이 모두 ________________ 모여서 수군거리고 있던데요.

B: 저도 직원들이 머리를 맞대고 심각한 표정으로 이야기를 나누는 걸 봤어요. 무슨 일인지 가서 직접 물어볼까요?

(2) A: 저 식당은 왜 저렇게 손님들로 ________________을/를 이루고 있는 거지요?

B: 유명한 배우가 운영하는 식당이라 전국 각지에서 팬들이 찾아오는 모양이에요.

(3) A: 요즘 대형 마트들의 경쟁을 보면 ________________(이)네요.

B: 글쎄 말이에요. 경쟁이 점점 심해지자 손해를 보면서 출혈 경쟁하는 회사도 있고 심지어 상대편 회사를 비방하면서까지 홍보하는 회사도 있어요.

(4) A: 평균 수명이 길어진 요즘, 은퇴 후 계획을 미리 세워 두어야 한다고 해요.

B: 맞아요. 구체적으로 무엇을 하며 살아갈지 고민해 둘 필요가 있어요. 저는 도시를 떠나 시골에서 ________________하며 지내고 싶어요.

(5) A: 차린 건 별로 없지만 많이 드세요. 음식이 입에 맞을지 모르겠네요.

B: 와, 상다리가 부러질 것 같은데요. 이 많은 요리를 다 하셨어요? 눈앞에서 이런 ____________을/를 보니 군침이 도네요.

(6) A: 이번에 기획하신 프로그램은 어떤 것인가요?

B: 한국 ________________의 숨은 명소를 찾아 소개해 주는 프로그램인데 다음 달 초부터 방송될 예정입니다.

5. 알맞은 것을 골라 대화를 완성하세요.

눈칫밥을 먹다	피땀을 흘리다	가시밭길을 가다
고생문이 훤하다	산전수전을 다 겪다	

(1) A: 회사를 그만두고 나니 무료해서요. 퇴직금으로 창업을 해 볼까 해요.

B: 철저한 준비 없이 창업을 했다가는 고생할 텐데요. 왜 편한 길을 놔 두고 굳이 험난한 ____________________?

(2) A: 벤처 회사로 크게 성공한 박영호 씨가 사실 어렸을 때 일찍 부모님이 돌아가셔서 친척 집을 전전했다고 해요.

B: 정말요? 믿어지지 않네요. 아무리 친척 집이라고 해도 편하지 않았을 텐데요. ____________________ 고생했겠네요.

(3) A: 엄마, 저 지금이라도 하고 싶은 일을 하면서 살고 싶어요. 열심히 노력하면 멋진 연극배우가 될 수 있을 거예요.

B: 연극배우라니! 연극을 하면 ____________________ 왜 하고 싶어 하는지 모르겠구나.

(4) (뉴스에서)

A: 올림픽 대회에 참가한 선수들의 각오가 대단한데요. 올림픽 대회에 첫 출전하게 된 김민호 선수를 만나 보겠습니다.

B: 지난 4년간 저와 동료 선수들 모두 ____________________ 연습해 왔습니다. 좋은 결과를 얻을 수 있도록 최선을 다하겠습니다.

A: 오랜 기간 대회를 위해 노력한 선수들에게 아낌없이 격려를 보내 주시기 바랍니다.

(5) A: 이화전자의 CEO로서 힘든 고비를 어떻게 극복해 오셨는지 궁금합니다.

B: 네. 30년이라는 긴 시간 동안 회사를 운영하면서 온갖 어려운 일을 다 이겨 냈습니다. ____________________ 이제는 힘들 때 포기하지 않고 어려움을 극복하는 힘을 갖게 된 것 같습니다.

준비합시다

01 -(으)ㄴ/는 만큼

1. 알맞은 것을 골라 대화를 완성하세요.

크다　　갖추다　　다하다　　애쓰다　　뛰어놀다　　참석하다

(1) A: 내가 오디션에 통과할 수 있을까? 수많은 사람들 앞에서 노래 부를 생각에 긴장이 돼서 그런지 밥도 안 넘어가는 거 있지?

B: 최선을 ________________ 좋은 결과가 있을 테니까 걱정하지 마. 기운 나게 밥이라도 먹으러 갈까?

(2) A: 박물관에 청소년들을 위한 체험 프로그램도 있나요?

B: 네, 저희 박물관은 직접 체험할 수 있는 다양한 프로그램을 ________________ 청소년들에게 좋은 교육 현장이 될 것으로 생각됩니다.

(3) A: 친구 아버지의 회갑 잔치에 초대받았는데 특별히 주의할 게 있을까요?

B: 어르신들이 많이 ________________ 옷차림에 신경을 쓰세요. 물론 반드시 정장을 입고 참석할 필요는 없지만 단정하게 차려 입는 게 좋을 것 같습니다.

(4) A: 정부가 마련한 대책으로 교통 문제가 해결될 수 있을까요?

B: 물론이죠. 정부에서도 문제의 원인이 무엇인지 조사하고 대책을 마련하기 위해 힘써 왔잖아요. 그동안 ________________ 좋은 성과가 있겠지요.

(5) A: 요즘 인기를 끌고 있는 사극을 보면 극의 재미를 위해 역사를 지나치게 왜곡하는 것은 아닌지 우려가 돼요.

B: 저도요. TV의 영향력이 생각보다 ________________ 역사적 사실을 바탕으로 사극을 제작해야 한다고 생각하거든요.

(6) A: 아파트 1층으로 이사하는 건 어떨지 고민하고 있어요.

B: 아파트 1층은 사생활 보호가 잘 안 되는 반면에 다른 층에 비해서 값이 싸고 아이들이 자유롭게 ________________ 나쁘지 않은 것 같아요.

2. 알맞은 것을 찾아 연결하고 문장을 완성하세요.

A		B
보기 대학 입시는 일생을 좌우하는 중요한 시험이다	———	나중에 후회 없도록 최선을 다하다
(1) 학생들이 이번 학기 내내 열심히 동아리 발표를 준비해 왔다		① 너무 긴장하지 않는다면 공연을 성공적으로 마칠 수 있을 것이다
(2) 여름철에는 물놀이 사고가 일어나는 경우가 많다		② 항상 서로 활발하게 의사소통할 수 있도록 노력하다
(3) 가족 관계에서는 믿음과 신뢰가 가장 중요하다		③ 안전 수칙을 철저히 지키다
(4) 최영희 씨는 한국인이지만 외국에서 성장했다		④ 때로는 한국의 상황에 맞지 않는 행동을 하다
(5) 김민수는 지도력이 뛰어나고 인간성이 좋다		⑤ 모든 사람으로부터 존경을 받다

보기 대학 입시는 일생을 좌우하는 중요한 시험인 만큼 나중에 후회 없도록 최선을 다해야 한다.

(1) ______________________________.

(2) ______________________________.

(3) ______________________________.

(4) ______________________________.

(5) ______________________________.

02 -거니와

1. 알맞은 것을 골라 대화를 완성하세요.

높다	받다	알다
오다	강하다	부담스럽다

(1) A: 수진 씨가 어제 학교에 오지도 않았다면서요? 무슨 일이 있는 걸까요?

B: 글쎄요. 저도 도대체 무슨 일인지 모르겠네요. 착실하던 수진 씨가 학교에 안 ________ ________ 제일 친한 저한테 연락조차 하지 않았어요.

(2) A: 김 대리는 자신이 맡은 일은 끝까지 책임지고 잘해 내는 것 같아요. 믿음직스러운 직원이에요.

B: 맞아요. 그 사람은 책임감이 ________ 신중하기까지 해서 무슨 일이든 믿고 맡겨도 돼요.

(3) A: 저기, 미안한데 돈 좀 빌려 줄 수 있어? 다음 달에 월급 받으면 바로 갚을게.

B: 미안해. 너도 알다시피 나도 지난달에 월급을 제대로 못 받았잖아. 월급도 잘 못 ________ ________ 경조사비로 지출할 일도 많아서 지금 빈털터리야.

(4) A: 새로 옮긴 회사는 마음에 들어요? 그 회사는 월급도 많다고 들었는데요.

B: 네. 마음에 쏙 들어요. 연봉도 ________ 직원을 위한 복지 혜택도 많거든요.

(5) A: 지역 축제 덕분에 모르던 지역에 대해서도 알 수 있게 되어 좋은 것 같아요.

B: 맞아요. 지역 축제에 가면 그 지역에 대해 ________ 평소에 접하기 어려운 문화를 체험할 수 있어서 좋은 경험이 되는 것 같아요.

(6) A: 방학 때 고향에 다녀오고 싶은데 성수기라 그런지 비행기 표가 너무 비싸네요.

B: 저도 비행기 표를 알아봤는데 가격도 ________ 원하는 날짜에 표를 구하기도 쉽지 않더라고요. 그래서 저는 그냥 방학 때 한국에서 지내려고요.

03 -느니

1. 다음 표를 보고 대화를 완성하세요.

	상황	선택	
①	많은 업무를 혼자 도맡아 하다	☐ 손발이 맞지 않는 사람과 일하다	☑ 힘들더라도 혼자 하다
②	애정 없는 결혼 생활을 계속하다	☑ 불행한 결혼 생활을 끝내고 이혼하다	☐ 의무감에 결혼 생활을 유지하다
③	마이클을 설득하는 데 실패했다	☐ 말이 통하지 않는 사람을 붙들고 계속 이야기를 이어 나가다	☑ 벽 보고 이야기하다
④	불경기라서 취업하기가 만만치 않다	☐ 아르바이트로 시간을 빼앗기다	☑ 경제적으로 힘들더라도 취직 준비에만 집중하다
⑤	병원비가 생각보다 많이 나왔다	☑ 오랫동안 부은 적금을 해약하다	☐ 부모님에게 손을 벌리다

(1) A: 왜 그 많은 업무를 혼자 도맡아 하세요?

B: 손발이 맞지 않는 사람과 ________________ 힘들더라도 혼자 하는 게 훨씬 낫지요.

(2) A: 애정 없는 결혼 생활을 계속하는 것에 대해서 어떻게 생각하세요?

B: 의무감에 결혼 생활을 ________________ 이혼하는 게 낫지 않을까요?

(3) A: 마이클을 설득해 보셨어요?

B: 네. 그렇지만 결국 설득하는 데 실패했어요. 그렇게 말이 통하지 않는 사람을 붙들고 계속 이야기를 ________________ 차라리 벽 보고 이야기하겠어요.

(4) A: 취업하기가 만만치 않아서 일단 아르바이트라도 해 볼까 생각 중이에요.

B: 제 생각에는 아르바이트로 시간을 ________________ 경제적으로 힘들더라도 취직 준비에만 집중하는 게 나을 것 같아요.

(5) A: 병원비가 생각보다 많이 나왔어요. 부모님에게 손을 벌려야 할 것 같아요.

B: 다른 방법을 찾아보는 건 어때요? 부모님에게 손을 ________________ 오랫동안 부은 적금이라도 해약하는 게 낫지 않겠어요?

읽어 봅시다

다음을 읽고 물음에 답하세요.

향토 음식은 어떻게 발달하게 되었을까?

여행을 가서 여행지의 독특한 음식을 맛보는 경험은 빼놓을 수 없는 즐거움이다. 속초의 오징어순대, 평양의 냉면처럼 지역의 고유한 특성이 반영된 음식들은 다른 곳에서는 맛보기 힘든 맛을 지녔는데 각 지역에서는 이러한 '향토 음식'을 앞세워 관광객들을 유치하기 위해 노력하고 있다. 이와 같은 '향토 음식'은 각 지역에서 어떻게 발달하게 되었을까?

향토 음식이란 각 지역의 지리적 요인과 사회적 환경에 의해 영향을 받으며 정착된 음식을 말한다. 그 명칭에서 알 수 있듯이 향토 음식은 해당 지역에서 많이 나는 식재료를 이용해서 그 지역이 아니면 만들 수 없는 맛을 살린 음식이다. 그런데 이러한 향토 음식에는 그 지역에서 많이 생산되는 식재료뿐만 아니라 타 지역으로부터 공급받은 재료가 사용되기도 한다.

기후나 지형 등과 같은 지리적 조건은 지역별로 음식의 맛과 조리법이 다채롭게 나타나는 데 있어 결정적인 요인으로 작용한다. 자연 환경에 따라 생산물과 조리법, 저장 방법이 달라지는데 이것으로 인해 향토 음식이 다양하게 발달하는 것이다. 한국의 경우 산지가 많은 지역에서는 신선한 육류와 생선을 구하기 위해서 절인 생선이나 말린 생선을 이용한 음식이 많은 반면, 해안 지역에서는 해산물을 재료 그대로 요리에 이용하는 경우가 많다. 또한 기후도 음식의 맛과 밀접한 관련이 있는데 북쪽 지역은 여름이 짧고 겨울이 길어 맵지 않고 싱겁게 조리하는 편이지만 남쪽 지역으로 내려갈수록 음식의 맛은 짜고 매워지는 경향이 있다.

대통밥은 전남 담양의 향토 음식 중 하나로서 향토 음식이 가진 특성을 잘 보여 주는 예이다. 담양은 토양과 기후가 ⓐ<u>대나무가 자라기에 그만인 지역이다</u>. 이 지역의 대나무는 크기도 크거니와 결이 곧고 단단한 만큼 대통을 잘라 밥을 지으면 맛이 담백하고 향도 좋다. 이렇듯 흔하디 흔한 쌀로 지은 밥도 조리법이 남다르다면 향토 음식으로 볼 수 있다. 즉 어디에서나 구할 수 있는 흔한 재료를 사용하더라도 특정 지역에서만 전해 내려오는 독특한 조리법이나 가공 기술을 이용했다면 그것 역시 향토 음식으로 분류할 수 있는 것이다. 내륙 지역인 안동의 간고등어 구이는 독특한 가공 기술로 유명해진 예이다. 교통이 불편하던 시절 바다에서 잡은 고등어를 안동으로 들여올 때 상하는 것을 막기 위해 소금을 넣어 팔았던 것이 안동 간고등어가 탄생한 배경이다.

그밖에도 향토 음식의 형성에 영향을 미치는 요인으로 지역 사람들의 개성, 세시 풍속 및 풍습, 종교 등이 있다. 이처럼 다양한 지리적, 사회적 요인들의 영향으로 각 지역마다 특성 있는 향토 음식이 발달하게 되었다.

(1) 이 글의 주제로 알맞은 것은 무엇입니까?

① 향토 음식의 예와 조리법

② 향토 음식의 정의와 발달 요인

③ 문화가 향토 음식에 미친 영향

(2) 이 글의 서술 방식으로 맞는 것은 무엇입니까?

① 향토 음식을 유형별로 분류해서 설명하고 있다.

② 구체적인 예를 들어 향토 음식에 대해서 설명하고 있다.

③ 향토 음식을 개발해야 하는 필요성에 대해 주장하고 있다.

(3) ⓐ와 바꾸어 쓸 수 **없는** 것은 무엇입니까?

① 대나무가 자라기에 마땅한 지역은 아니다

② 대나무가 자라기에 이곳만큼 좋은 지역이 없다

③ 대나무가 자라기에 최적의 조건을 갖춘 지역이다

(4) 한국의 향토 음식에 대한 설명으로 알맞지 **않은** 것은 무엇입니까?

① 내륙 지역에서는 해산물을 이용하여 요리한 예를 찾아보기 힘들다.

② 산지가 많은 지역에서는 절인 생선이나 말린 생선을 이용하여 조리한다.

③ 북부 지역은 여름이 짧고 겨울이 길어 맵지 않고 싱겁게 조리하는 편이다.

(5) 향토 음식의 형성에 영향을 미치는 요인이 **아닌** 것은 무엇입니까?

① 재료를 가공하는 기술

② 지역 사이의 교통 수단

③ 해당 지역의 기후와 지형

써 봅시다

다음을 보고 문화 유적을 탐방한 후 기록한 답사기를 완성하세요.

답사의 목적
- 수업 시간에 수원 '화성'과 다양한 방면에서 재능을 뽐냈던 정약용에 대해 배운 후 전남 강진군으로 답사를 떠남
- 그곳은 정약용이 유배를 떠났을 때 있던 곳임

답사 여정
- 첫째 날: 숙소 도착 → 식사 및 휴식
- 둘째 날: 숙소에서 출발 → 다산 유물전시관 관람 → 오솔길 걷기 → '뿌리의 길' 걷기 → 다산 초당 도착

문화 기행, 다산 초당을 다녀와서

수업 시간에 수원 '화성'과 다산 정약용에 대해서 배웠다. 정약용은 수원 화성을 축성하는 데 크게 기여한 역사적인 인물이다. ______________________

____

____

25일, 우리는 전남 강진에 저녁이 다 되어서야 도착했다. 일단 숙소에 짐을 풀고 저녁 식사를 했다. 상다리가 부러질 정도로 푸짐하게 차려진 한정식을 먹자 우리는 한껏 흥이 났다. 우리는 다음 날 걷게 될 길과 전남의 맛 좋은 음식 등에 대해 이야기를 나누며 휴식을 취했다.

다음 날 우리는 ______________________

____

전시관을 나서면서 안내인에게 다산 초당으로 가는 길을 물어봤다. 전시관의 안내인은 오솔길을 지나 '뿌리의 길'을 걷다 보면 다산 초당이 보일 거라고 했다. 그 오솔길을 지나니 막바지에 소나무가 빽빽이 들어선 '뿌리의 길'이 나왔다. 소나무 뿌리가 땅을 뚫고 튀어나와 몸을 비틀고 있는 숲길이었다. 뿌리에 걸려 넘어지지 않으려 애쓰다 보니 절로 조심조심 걷게 되었다. 제멋대로 휘어지고 꺾인 나무 뿌리가 모습을 드러낸 것은 처음 보는 광경이라 신기하기 이를 데 없었다. 한참을 걷자 다산 초당으로 이어진 마지막 계단이 눈앞에 모습을 드러냈다.

말해 봅시다

다음은 제주 향토 음식에 대한 발표의 한 부분입니다. 읽고 물음에 답하세요.

> **제주의 대표 여름 별미, 고기 국수**
>
> 제주도에서는 일반적으로 '고기'라고 하면 쇠고기나 닭고기가 아닌 돼지고기를 가리키는 것이라고 합니다. 제주도에서 돼지고기는 평상시에 자주 먹기도 하거니와 의례에도 늘 사용했던 식재료였는데요. 저희는 이 돼지고기를 넣어 만든, 제주도 서민 음식의 대명사로 불리는 '고기 국수'를 소개하려고 합니다. 대표 여름 별미로 사랑받고 있는 고기 국수는 제주 토박이들이 입을 모아 추천하는 음식입니다.
>
> 우선 제주 지역에서 고기 국수가 향토 음식으로 자리 잡게 된 ______ⓐ______.
>
> 이곳 사람들은 돼지를 다산과 생산의 주술적 의미를 가진 동물로 중요하게 여겨 왔습니다. 보통 마을의 제사 때 돼지를 통째로 사용했는데 돼지를 잡은 후 남은 뼈와 살코기들을 어떻게 처리할지 고심하다가 큰 솥에 남은 재료를 모두 넣고 푹 고아 낸 뒤 면을 삶아 곁들여 먹었다고 합니다. 큰 가마솥에 모든 재료를 넣고 마을 제사가 끝날 때까지 푹 삶아 낸 뒤 고기는 두툼하게 썰고 육수를 담아 고기 국수를 완성했던 것입니다. 지금도 이 지역에서는 마을의 잔칫날이나 경조사 때 손님들에게 이 음식을 대접하고 있습니다.

(1) 제주도의 고기 국수에 대한 설명으로 알맞지 **않은** 것은 무엇입니까?

① 고기 국수는 제주에서 여름에 주로 먹는 음식이다.

② 고기 국수는 상류층을 중심으로 즐겨 먹던 음식이다.

③ 지금도 마을의 잔칫날이나 경조사 때 만들어 먹는다.

(2) 제주도에서 돼지는 어떤 의미를 가진 동물로 여겨집니까?

(3) 밑줄 친 ⓐ에 들어갈 수 **없는** 표현은 무엇입니까?

① 배경에 대한 설명은 건너뛰겠습니다.

② 배경을 짚고 넘어가도록 하겠습니다.

③ 배경에 대해서 알아보도록 하겠습니다.

제 4 과 학교와 교육

어휘

1. 알맞은 것을 골라 대화를 완성하세요.

당락　　**실태**　　**인근**　　**쟁점**　　**구심점**　　**생활고**

(1) A: 요즘 작가들이 열악한 창작 여건을 견디다 못해 직업을 바꾸는 경우가 많대요.

B: 워낙 낮은 원고료를 받다 보니 ____________에 시달리게 되고 다른 직업을 찾을 수밖에 없는 거겠죠.

(2) A: 한국에 있는 회사에 취직하려고 하면 한국어 실력이 중요한가요?

B: 그럼요. 한국어 실력이 입사 시험의 ____________을/를 좌우하는 것 같아요.

(3) A: 후문 앞 횡단보도에서 교통사고가 났었다면서요?

B: 네. 구급차가 급히 부상자들을 ____________ 병원으로 옮겼다고 해요.

(4) A: 외래어 사용 ____________에 관해 요코 씨가 설명해 드리겠습니다.

B: 네. 저는 TV 방송에서 무분별하게 남용되고 있는 외래어의 실상에 대해서 조사해 봤습니다.

(5) A: 요즘 교육계의 최대 ____________은/는 무엇입니까?

B: 늘 그렇듯이 교육 관계자들은 사교육비 절감과 공교육의 활성화를 위해 고심하고 있지요. 정부 역시 공교육을 개선하기 위해 대책을 마련하고 있고요.

(6) A: 윤성지 선수에 대해서 어떻게 평가하십니까?

B: 윤성지 선수는 팀 분위기를 유쾌하게 이끌며 다른 선수들에게 모범이 되었습니다. 팀의 ____________ 역할을 해 주었던 윤 선수 덕분에 우리 팀은 2년 연속 우승할 수 있었습니다.

2. 알맞은 것을 골라 대화를 완성하세요.

가파르다	부추기다	웬만하다

(1) A: 요즘 길에 외제 차가 부쩍 눈에 띄는 것 같아요.

B: 그러게 말이에요. 저도 얼마 전에 신문에서 읽었는데 외제 차의 판매량이 ____________ 상승세를 보이고 있다고 하던데요.

(2) A: 오늘 회식에 꼭 참석해야 될까요?

B: 무슨 일이 있어요? 사정이 있으면 어쩔 수 없지만 수진 씨도 ____________ 회식에 참석했으면 하는데요. 지난주에 입사한 신입 사원을 환영하는 자리니까요.

(3) A: 잡지 보고 있어요? 저는 패션 잡지는 잘 안 보게 되던데요.

B: 왜요? 얼마나 재미있는데요.

A: 패션 잡지에는 광고가 지나치게 많은 것 같아요. 과소비를 ____________ 광고에 거부감이 들어서 잘 보지 않아요.

3. 알맞은 것을 골라 대화를 완성하세요.

두각을 나타내다	시시콜콜 참견하다	자리에서 물러나다

(1) A: 국비 장학생을 선정하는 기준은 무엇인지 말씀해 주십시오.

B: 국가를 대표하는 장학생인 만큼 훌륭한 인성을 갖추고 학업에 있어서도 ____________ 학생이 장학생으로 선발됩니다.

(2) A: 과장님이 자꾸 제 일에 ____________ 회사에서 일하기가 힘드네요.

B: 많이 힘든가 보네요. 회사 일을 하다 보면 마음 상하는 일도 생기기 마련이니 너무 마음에 두지 마세요.

(3) A: 부장님이 갑자기 ____________ 회사 사람들이 모두 충격에 휩싸였어요.

B: 그러게 말이에요. 저도 부장님이 왜 갑자기 사표를 내셨는지 궁금해요.

4. 알맞은 것을 골라 대화를 완성하세요.

동문서답	박학다식	일취월장
주경야독	팔방미인	학수고대

(1) A: 마이클 씨한테 과제 발표 준비는 다 했냐고 물어봤어요?

B: 아까 화장실 가는 길에 물어보긴 했는데 아무래도 안 해 온 모양이에요. 제 말이 끝나기도 전에 ________________하면서 딴청을 피우던데요.

(2) A: 김영민 씨는 고등학교 졸업 후에 바로 취직을 했는데 공부에 대한 미련을 버리지 못해서 야간 대학을 다니며 ________________(으)로 공부하고 있다고 해요.

B: 네. 직장 일에 지칠 만도 한데 정말 대단하네요.

(3) A: 아침 방송에 권 박사님이 나와서 특강하시는 거 봤어요?

B: 네. 저도 박사님이 나오신다고 해서 시간 맞춰 챙겨 봤어요. 교육학 분야에서는 권 박사님만큼 ________________한 분은 없는 것 같아요. 해박한 지식에 감탄했어요.

(4) A: 마이클 씨가 수료식 공연에서 장기 자랑하는 거 봤어요? 저는 마이클 씨가 그렇게 노래도 잘하는 줄 몰랐어요.

B: 저도 깜짝 놀랐어요. 마이클 씨는 공부만 잘하는 줄 알았는데 노래까지 잘하더라고요. 정말 못하는 게 없는 ________________인 것 같아요.

(5) A: 이화고등학교 축구팀이 이번 대회에서 우승했다면서요? 어떻게 우승한 거죠?

B: 전력이 약하다고 알려져 있었는데 지속적인 훈련으로 경기력이 ________________했다고 해요.

(6) A: 방학하면 일본에 돌아가기 전에 여행이나 할까 해요.

B: 고향에 바로 가지 않고요? 부모님이 사라 씨가 돌아오기만을 ________________하고 계실 텐데요.

5. 알맞은 것을 골라 대화를 완성하세요.

눈에 불을 켜다	심혈을 기울이다	정신을 가다듬다
촉각을 곤두세우다	한 우물을 파다	

(1) A: 여기에 있던 내 머리핀 못 봤어? 하루 종일 ______________________ 찾았는데도 안 보이네.

B: 어딘가에 있을 테니까 잘 찾아봐. 나도 도와줄게.

(2) A: '칠전팔기'로 문학상을 받게 되셨는데 소감을 말씀해 주시겠습니까?

B: 여러 번 도전한 끝에 결국 상을 받게 되어서 그런지 더 뿌듯하고 기쁩니다. 당선 소식을 듣자 한눈팔지 않고 '______________________ 원하는 바를 이룰 수 있다.'는 생각이 들었습니다.

(3) A: 몇 년간 ______________________ 사전 편찬이 오늘로 끝났습니다. 제 마음과 힘을 다 쏟아 부은 작업이었던 만큼 기쁨도 큽니다.

B: 진심으로 축하드립니다. 이번 사전 편찬이 외국인들의 한국어 학습에 큰 도움을 줄 것으로 기대하고 있습니다.

(4) A: 마이클 씨 회사에서 구조 조정을 한다고 하지 않았어요? 요즘 회사 분위기는 어때요?

B: 아직 회사에서는 아무런 발표도 하지 않고 있어요. 소문만 무성한데요. 전 직원이 ______________________ 상황을 예의 주시하고 있어요.

(5) A: 서예를 하면 좋은 점이 뭐예요?

B: 서예를 하다 보면 좋은 내용의 시나 글을 많이 읽을 수 있을 뿐만 아니라 어지러운 ______________________ 좋아요.

준비합시다

01 -(으)ㄴ/는 가운데

1. 알맞은 것을 골라 대화를 완성하세요.

맡다　　바쁘다　　어렵다　　늘어나다　　발령되다　　지켜보다

(1) A: 오늘 신문에 선행을 실천하고 있는 사람들에 대한 기사가 났던데요. 특히 자신이 가진 기술이나 지식을 누군가와 나누는 사람의 이야기가 인상 깊었어요.

B: 네. 자신의 일로 ______________ 재능 기부로 사랑을 실천하는 사람들을 보면 저도 뭔가 해야겠다는 생각이 들어요.

(2) A: 어머니께서 혼자 3남매를 키우시느라고 고생하셨겠네요.

B: 네. 그렇지만 저희 어머니는 형편이 ______________ 늘 더 어려운 사람들에게 나눠 주시는 걸 좋아하셨어요. 저희에게도 봉사 활동을 강조하셨지요.

(3) A: 웬일이에요? 무슨 비가 이렇게 많이 쏟아지는 거죠?

B: 방금 일기 예보에서 서울과 인천 지역에 호우 경보가 ______________ 천둥과 번개를 동반한 많은 양의 비가 내리겠다고 하는 걸 들었어요.

(4) A: 오늘 학술 대회는 어떤 순서로 진행되나요?

B: 송원호 교수가 사회를 ______________ 문학, 역사, 철학 분야의 전문가들을 모시고 '인문학의 미래'에 대한 주제 발표를 할 예정입니다.

(5) A: 어제 중요한 발표가 있었다고 하지 않았어요? 발표는 잘 끝났어요?

B: 전 직원이 ______________ 발표를 하자니 너무 긴장이 돼서 제 실력을 발휘하지 못한 것 같아요. 그래서 속상해요.

(6) (뉴스에서)

A: 최근 공무원 시험을 준비하는 대학생들이 부쩍 증가하고 있다고 하는데요. 박선우 기자가 보도합니다.

B: 안정된 직장에 대한 선호로 공무원 시험을 준비하는 수험생들이 ______________ 평균 수험 기간이 1~3년 걸리는 것으로 나타났습니다.

2. 알맞은 것을 찾아 연결하고 문장을 완성하세요.

A	B
보기 모든 직원이 초조하게 기다리다	드디어 승진 대상자 명단이 회사 홈페이지 게시판에 올라왔다
(1) 국민들이 숨죽이고 개표 방송을 지켜보다	① 지역에 따라 소나기가 쏟아지는 곳도 있겠다
(2) 관객들이 약 2시간가량 모두가 웃고 즐기다	② 한 시민 논객이 손을 들고 회의 참여자에게 질문을 던졌다
(3) 교육 정책에 대한 열띤 논의가 진행되고 있다	③ 벌써 한국어 말하기 대회를 마칠 시간이 다가왔다
(4) 기업들의 국내외 투자가 늘다	④ 얼어붙었던 경기도 풀리고 있다
(5) 다가오는 토요일은 날씨가 무덥다	⑤ 선거 결과가 발표되었다

보기 모든 직원이 초조하게 기다리는 가운데 드디어 승진 대상자 명단이 회사 홈페이지 게시판에 올라왔다.

(1) ______________________.

(2) ______________________.

(3) ______________________.

(4) ______________________.

(5) ______________________.

02 -다 못해

1. 알맞은 것을 골라 대화를 완성하세요.

보다	참다	하다
놀라다	기다리다	기뻐하다

(1) A: 어제 뉴스 봤어요? 흉악한 범죄가 최근에 많이 일어나긴 했지만, 어제 일어난 강도 사건은 정도가 좀 심한 것 같았어요.

B: 그러게 말이에요. 전 뉴스를 보고 ______________ 까무러칠 뻔했는걸요.

(2) A: 아까 수진 씨 보니까 표정이 어둡던데 무슨 일 있었대요?

B: 수진 씨가 임원진 앞에서 중요한 발표를 했는데 좀 망쳤나 봐요. 그래서 과장님께 꾸중을 좀 들었는데 ______________ 울음을 터뜨리고 말았어요.

(3) A: 왜 아이한테 매를 들고 그래?

B: 웬만하면 나도 체벌은 하지 않으려고 하는데 동생을 자꾸 괴롭히는 건 더 이상 두고 볼 수 없더라고. 동생에게 또 심한 장난을 치길래 ______________ 야단을 좀 쳤어.

(4) A: 따님이 이화대학교에 합격했다면서요? 자랑스러우시겠어요.

B: 떨어질까 봐 걱정을 많이 했는데 결과가 좋아서 기뻐요. 아이는 합격 소식을 듣고서는 ______________ 감격해서 눈물까지 흘렸어요.

(5) A: 샤오 씨, 왜 이렇게 교실에 늦게 왔어요? 다른 반 친구가 쉬는 시간에 찾아왔었어요.

B: 그래요? 누가 왔었는데요?

A: 정우 씨라고 하던데요. 샤오 씨를 ______________ 다시 자기 교실로 돌아갔어요.

(6) A: 마이클 씨는 어제는 학교에 늦게 오더니 오늘은 아예 오지도 않네요.

B: 지각을 ______________ 이제는 결석까지 하다니 문제군요.

03 -아/어 치우다

1. 알맞은 것을 골라 대화를 완성하세요.

갈다	먹다	하다	팔다

(1) ① A: 오늘 행사에 참석해 주셔서 감사합니다. 우선 사장님의 말씀이 있으시겠습니다.

B: 오늘 이 자리를 빌려 전 직원에게 감사의 말씀을 전하고자 합니다. 여러분이 최선을 다해 주신 결과 우리 회사에서 새로 출시한 자동차 모델은 3분기에만 200만 대를 ________________ 기록을 세울 수 있었습니다.

② A: 경기가 안 좋아서 그런지 주가도 하락세를 보이고 있네요.

B: 네. 저도 그래서 얼마 전에 갖고 있던 주식을 모두 ________________.

(2) ① A: 숙제는 다 하고 TV 보는 거니?

B: 그럼요. 드라마 보고 싶어서 숙제는 학교에서 돌아오자마자 ________________.

② A: 요리하는 건 재미있지만 설거지하는 건 귀찮은 것 같아.

B: 잠자리에 들기 전에 얼른 ________________ 쉬기로 하자.

(3) ① A: 천천히 먹어야지. 그렇게 빨리 먹다가는 체하기 십상이야.

B: 알겠어요. 엄마가 만든 불고기는 먹을 때마다 맛있어서 나도 모르게 빨리 ________________.

② A: 이 집 팥빙수는 다른 가게에 비해서 정말 맛있다!

B: 응. 나도 맛있어서 순식간에 ________________.

(4) ① A: 김민호 씨가 지난달에 발생한 건설 사고에 책임을 지고 물러나기로 했다면서요?

B: 처음에는 그러기로 했었는데요. 어제 회의에서는 책임자를 문책해서 ________________ 것만이 최선은 아니라며 사표를 수리하지 않기로 했다고 들었어요.

② A: 이상민 선수는 국가 대표 팀에서 없어서는 안 될 선수인 것 같아요.

B: 네. 연일 신문에서 그 선수에 대해 대서특필해서 화제가 되고 있어요. 올해 전국 대회에서 모든 한국 신기록을 ________________ 우승을 했어요.

읽어 봅시다

다음을 읽고 물음에 답하세요.

성공적인 학습 비결

학교를 졸업한 후에는 학업에서 해방되면 좋으련만 그렇지 못한 것이 현실이다. 수험생이 아니라도 여전히 학업 스트레스로부터 자유롭지 못한 사람이 많다. '평생 학습'이라는 개념의 등장, 경기 불황과 고용 불안 등 여러 요인으로 인해 현대인들은 끊임없이 무언가를 배우는 일에 많은 시간과 노력을 투자할 수밖에 없다. 이러한 노력이 ⓐ'밑 빠진 독에 물 붓기' 가 되지 않게 하려면 최소의 노력으로 최대의 효과를 거둘 수 있는 학습법을 익힐 필요가 있다. 많은 전문가들은 한결같이 학습 효율을 높이기 위해서는 시간 관리가 중요하다고 입을 모은다. 그럼 시간 관리와 함께 학습 계획 설정, 건강한 체력 관리 등 여러 학습 비결에 대해서 살펴보자.

무엇보다도 시간 관리가 학습의 성패를 가른다. 모든 이에게 동일하게 주어진 시간을 효율적으로 활용하는 방법을 터득하면 학습 능률을 올릴 수 있다. 시간을 최대한 활용하기 위해서는 우선 학습 계획을 꼼꼼히 세워야 한다. 계획에 맞춰 학습량과 학습 방법, 학습 시간을 결정하는 것이 공부의 시작이다. 그런데 이때 학습 계획을 무리하게 세워 실천하지 못하면 자칫 실패감과 패배감으로 자신감을 잃을 수 있기 때문에 주의해야 한다.

또한 자신의 상황과 학습 유형에 따라 얼마나 많은 시간 동안 공부할지, 그리고 언제 공부할지를 정하는 게 좋다. 하루에 서너 시간 이상을 공부에 투자할 수 없는 직장인이나 주부의 경우는 자투리 시간을 적극적으로 활용하는 게 도움이 된다. '티끌 모아 태산'이라는 속담도 있듯이 하루에 단 몇 분이라도 꾸준히 공부를 한다면 좋은 결과를 얻을 수 있다. 그리고 학습 유형을 고려해서 집중력이 부족해 주의가 산만한 사람이라면 새벽에 공부하는 게 낫다. 새벽에는 주위가 조용해 낮 시간에 공부하는 것도 훨씬 큰 효과를 얻을 수 있기 때문이다.

다음으로 기억해 둘 만한 학습 비결은 집중력이나 기억력을 최대한 높일 수 있도록 건강을 관리하는 것이다. 수면과 식습관에 신경을 써야 체력 관리에 성공할 수 있다. 밤을 새우면서 공부하는 것은 현명하지 못한 행동이다. 밤샘 학습은 체력 저하를 가져오는 가장 큰 원인이라고 해도 과언이 아니다. 그리고 규칙적인 식사 습관이 효과적인 학습에 도움을 주는데 특히 아침을 챙겨 먹으면 학습 능률을 향상시킬 수 있다. 이외에도 비타민 복용으로 집중력을 기를 수도 있다. 이미 잘 알려진 대로 바람직한 식습관을 형성하기 위해서 과식이나 폭식은 피해야 한다. 과식, 폭식은 졸음을 유발하고 학습 능률을 떨어뜨리는 주범이기 때문이다.

단순히 얼마나 오래 공부했느냐가 아니라 어떻게 공부했느냐에 따라 학습의 성공 여부가 결정된다. 철저한 시간 관리와 학습 계획 설정, 그리고 건강한 체력 관리는 가장 기본적이면서도 중요한 학습 비결인 것이다.

(1) 이 글의 중심 생각은 무엇입니까?

① 누구나 공부를 잘할 수 있는 것은 아니다.

② 남보다 성공하기 위해서는 부단한 노력이 필요하다.

③ 학습 효과를 높이기 위한 방법을 아는 것이 중요하다.

(2) ⓐ의 문맥적 의미로 알맞은 것은 무엇입니까?

① 어찌 된 영문인지 사람의 속내를 전혀 알 수 없다.

② 아무리 힘이나 노력을 들여도 보람 없이 헛된 일이 된다.

③ 힘을 다하고 정성을 다하여 한 일은 그 결과가 헛되지 않는다.

(3) 효과적인 학습법에 대한 설명으로 알맞지 **않은** 것은 무엇입니까?

① 꾸준한 아침 식사와 비타민 섭취는 학습 능률을 높이는 데 큰 도움이 된다.

② 효과적인 학습법을 익히면 적은 노력으로도 만족스러운 결과를 얻을 수 있다.

③ 짧은 시간 공부하면 집중하기 어려우므로 시간이 충분하지 않을 때는 휴식을 취한다.

(4) 이 글을 읽은 후의 마음가짐으로 알맞지 **않은** 것은 무엇입니까?

① 마이클: 목표는 높을수록 좋으니까 목표 학습량을 최대한 늘려 봐야지.

② 아야코: 나에게 맞는 공부법을 찾아서 효과적으로 공부할 수 있도록 하겠어.

③ 김민호: 아침 식사의 중요성을 알았으니 바쁘더라도 아침을 챙겨 먹어야겠어.

써 봅시다

다음을 보고 학교 교육의 문제 해결을 위한 투고문을 완성하세요.

문제의 원인	· 학교의 비정상적인 체육 교육으로 인해 학생들의 기초 체력이 저하됨. 학교 수업은 물론 학원까지 다니는 아이들에게 체육 수업은 매우 중요함 · 학교들이 예체능 시간 수를 줄이려고 함 · 높은 교육열, 학벌을 중시하는 사회 풍조 속에서 학생들은 입시에만 매달리게 됨

학생들의 체력 끌어올리기

한국 학생들의 체력이 약해지는 문제는 어제오늘 일이 아니다. 얼마 전 서울 지역 중 · 고교생의 기초 체력을 평가한 결과, 정상 체력에 못 미치는 학생이 전체 학생의 반 이상을 차지한다는 조사 결과가 나왔다. 또한 비만이나 시력 약화 등을 겪고 있는 학생들의 비율도 증가하고 있어 학생들의 체력은 점점 저하되고 있는 것으로 보인다. 체격은 좋아진 반면에 체력은 약해진 학생들, 이 문제의 원인은 무엇일까?

우선 학생들의 체격은 좋아졌지만 기초 체력은 저하된 원인은 학교의 ________

____

____

그런데 학교에서 체육 수업은 다른 주요 과목에 밀려 비정상적으로 진행되고 있다.

____

____

____

학업에 대한 무거운 압박감은 학생들이 건강하게 성장할 수 없게 만든다. 이처럼 과도한 입시 부담으로 인해 학생들의 체력 저하 현상은 심화될 것으로 우려된다. 그러므로 지금이라도 기초 체력의 중요성을 인식하고 체력을 끌어올리기 위해 노력해야 한다. 행복한 삶을 위한 교육을 위해 우선 체육 수업의 시간 수를 현재보다 늘리고 학생들의 기초 체력을 다질 수 있는 프로그램을 마련하는 것이 시급하다. 그리고 학생들에게 운동 동아리에 가입해 활동하도록 권장하는 것도 하나의 방법이 될 수 있겠다.

말해 봅시다

다음은 능력별 학급 운영에 대한 토론의 한 부분입니다. 읽고 물음에 답하세요.

A: 저는 능력별로 반을 편성한다고 해도 성적 향상을 기대할 수 없다고 생각합니다. 성적이 낮은 학생들로 구성된 학급에 속하게 된 학생들은 학습 의욕을 잃기 쉽고 자신보다 나은 친구들을 보며 자극을 받을 기회도 없습니다. 그리고 낮은 성적의 학생들은 높은 반에 들어가기 위해, 높은 성적의 학생들은 성적을 유지하기 위해 오히려 더 많은 사교육비를 지출하게 될 거라는 생각도 드는데요.

B: 네. ______ⓐ______. 능력별로 반을 운영하면 사교육비 지출이 더 늘어날 거라고 하셨는데요. 현재 학교에서는 학습 의욕을 높여 주지 못하기 때문에 사교육에 관심이 쏠리는 거라고 봅니다. 수준별로 반을 나누어 수업하면 사교육비 문제를 해결할 수 있을 겁니다. 그리고 하위권 학생들도 맞춤형 수업에 흥미를 느끼고 자연스럽게 수업 시간에 집중할 수 있게 될 거라고 생각합니다.

(1) A의 생각으로 알맞은 것은 무엇입니까?

① 능력별 학급 운영으로 사교육비에 대한 의존도를 줄일 수 있다.

② 능력별로 반을 나누면 성적이 낮은 학생은 학습 의욕을 잃을 가능성이 있다.

③ 능력별로 반을 나누면 실력이 떨어지는 학생은 더 열심히 공부하게 될 것이다.

(2) B가 주장하는 내용의 근거는 무엇입니까?

① 능력별 학급 운영과 사교육비의 문제는 전혀 상관이 없다.

② 능력별 학급 운영을 하면 학생을 지도하는 데 어려움이 많다.

③ 능력별로 학급을 운영하면 학생의 수준에 맞는 수업을 할 수 있다.

(3) 밑줄 친 ⓐ에 들어갈 수 **없는** 표현은 무엇입니까?

① 그것에 대해서는 제가 먼저 말씀드려도 될까요?

② 사교육비 말이 나온 김에 말씀드리고 싶은데요

③ 사교육비는 오늘의 논제에서 벗어난 이야기인데요

제 5 과 한국의 문자와 언어

어휘

1. 알맞은 것을 골라 대화를 완성하세요.

속뜻　　어감　　어순　　서술어　　의성어　　호칭어

(1) A: 한국어로 어머니의 여동생을 뭐라고 부르나요?

B: 이모라고 부릅니다. 한국어에는 '이모, 아저씨, 아가씨' 등 친족 관계에 따라 사람을 부르는 여러 가지 ＿＿＿＿＿＿ 이/가 발달돼 있습니다.

(2) A: 민수는 글에 숨어 있는 의미를 잘 찾아내는 것 같아요.

B: 네, 맞아요. 워낙 책을 많이 읽어서 그런지 글에 담긴 ＿＿＿＿＿＿ 을/를 정확히 파악해요.

(3) A: 선생님, 잘 이해가 안 가서 그러는데요. 주어, 목적어, ＿＿＿＿＿＿ 에 대해 한 번 더 설명해 주시겠어요?

B: 네. 여기 '철수가 사과를 먹는다.'라는 문장을 봅시다. 이 문장에서 '철수가'가 주어, '사과를'이 목적어, '먹는다'가 ＿＿＿＿＿＿ 입니다. ＿＿＿＿＿＿ 은/는 주어의 동작, 상태 등을 나타내는데 한국어 문장의 의미를 결정하는 중요한 역할을 합니다.

(4) A: 요즘 '노인'이라는 단어가 '어르신'으로 바뀌고 있다면서?

B: 응. '노인'이라는 단어에서 '무기력하다'라는 부정적인 ＿＿＿＿＿＿ 이/가 느껴진다고 해서 존경의 의미가 담긴 '어르신'이라고 바꿔 부르려는 움직임이 있나 봐.

(5) A: 다른 언어와 비교해 볼 때 한국어의 특징은 무엇입니까?

B: 한국어는 사물의 소리를 흉내 낸 ＿＿＿＿＿＿ 이/가 발달했습니다. 예를 들어 ＿＿＿＿＿＿ '퐁당'은 작은 물건이 물에 떨어지는 소리를, '풍덩'은 큰 물건이 물에 떨어질 때 나는 소리를 흉내 낸 것이죠.

(6) A: 한국어와 영어는 ________________ 이/가 같습니까?

B: 아니요. 한국어는 '민수는 사과를 좋아한다.'처럼 주어, 목적어, 서술어 순서로 문장 성분이 나타나는 데 반해 영어는 'Minsoo likes apples.'에서 알 수 있듯이 주어, 서술어, 목적어 순으로 문장이 구성됩니다.

2. 알맞은 것을 골라 대화를 완성하세요.

맞대다	본뜨다	익히다	모아쓰다	조합하다	눈여겨보다

(1) A: 어제 민지랑 철수를 만났거든. 그런데 둘이 친구 사이 맞아? 연인 사이 같던데.

B: 둘 사이가 좀 미묘한 것 같아. 친구 같기도 하고 애인 같기도 하고. 나도 어제 봤는데 둘이 커피숍에서 얼굴을 ________________ 다정하게 이야기하고 있더라고.

(2) A: 한글의 특징은 무엇입니까?

B: 한글은 입, 목 같은 발음 기관을 모방하여 만든 문자로 자음과 모음을 ________________ 글자를 만들어 냅니다.

(3) A: 한글은 표기하는 방법이 독특하다고 들었습니다. 설명 좀 해 주세요.

B: 네. 한글은 'ㅎ ㅏ ㄴ ㄱ ㅡ ㄹ'처럼 풀어쓰지 않고 자음과 모음을 가로세로로 묶어서 '한글'이라고 ________________.

(4) A: 율리아 씨, 한국 요리를 아주 잘하시네요.

B: 고마워요, 왕카이 씨. 친구가 요리책을 선물했는데 그 요리책이 한국 음식 조리법을 ________________ 데 큰 도움이 됐어요. 중국어로 번역된 것도 있으니 한번 읽어 보세요.

(5) A: 어떻게 한글을 이용한 디자인으로 컵, 우산 같은 생활용품을 만드실 생각을 하셨습니까?

B: 평소에 한글이 미적으로도 아름다운 문자라고 생각해서 한글의 글자체를 ________________ 왔습니다. 그러다 보니 한글을 이용해서 디자인을 해 보고 싶어지더라고요.

(6) A: 김정은 화백이 친구 박세리 화백의 그림을 모방해 문제가 되고 있는 것 같습니다.

B: 네, 그렇습니다. 남의 작품을 그대로 ________________ 그린 그림은 예술적 가치가 없지요. 무엇보다 창의성이야말로 예술 작품의 꽃인데…….

3. 알맞은 것을 골라 대화를 완성하세요.

입에 담다	토를 달다	말문이 트이다
화두를 던지다	몇 마디 건네다	

(1) A: 요코 씨가 처음 한국에 왔을 때는 한국어로 입도 떼지 못했는데 이제 제법 말을 잘하던데요.

B: 그러게 말이에요. 한국 드라마도 보고 노래도 듣고 열심히 연습하더니 이제 드디어 ______________________.

(2) A: 왜 그렇게 화가 났어? 무슨 일 있어?

B: 마이클이 내 말에 사사건건 ______________________. 지난번에도 그러더니 이번에도 그러더라고. 매번 그러니까 정말 화가 나. 자기는 충고를 해 준답시고 말하는지 모르겠지만 말이야.

(3) A: 옆 반에 짝사랑하는 사람이 있다면서? 말이라도 ______________________?

B: 응, 며칠 전에 용기를 내서 말을 걸었지. 내일 같이 영화 보기로 했어. 좀 차가워 보여서 많이 망설였는데 의외로 시원시원하게 대답해 주더라고.

(4) A: 상규 씨는 다른 사람들한테 말을 너무 막 하는 것 같아요.

B: 맞아요. 특히 자기 기분이 안 좋을 때에는 ______________________ 심한 말을 많이 하는 편이에요. 그래서 주변에 친구가 별로 없어요.

(5) A: 내가 어제 다른 일이 있어서 철학 수업에 못 갔는데 뭐에 대해 토론했어?

B: 박 교수님이 '행복'이 무엇이라고 생각하느냐며 우리가 미처 생각해 보지 않았던 주제에 대해 ______________________.

메모

4. 알맞은 것을 골라 대화를 완성하세요.

감언이설	단도직입	언중유골
언행일치	왈가왈부	횡설수설

(1) A: 이번에 통과된 정책이 진정 학생을 위한 것이냐 아니냐를 두고 말이 많아요.

B: 우리가 이미 통과된 정책에 대해서 이러네 저러네 ________________한다고 해서 바뀌는 건 없을 것 같아요.

(2) A: 김민지 아나운서의 마지막 말에 대해 축구팬들의 해석이 분분하다던데? 뭐라고 했어?

B: 응. 프로그램을 마무리하면서 "축구 선수는 축구만 잘하면 된다는 말이 있습니다. 과연 그럴까요?"라고 ________________의 한마디를 남겼대.

(3) A: 탤런트 박민수 씨가 기자들의 질문에 어쩔 줄 몰라 했다면서?

B: 응. 요즘 열애설에 휩싸인 박민수 씨가 여자 친구가 있느냐는 기자들의 질문에 당황해서 ________________하더라고.

(4) A: 요즘 남의 돈을 가지고 사기를 치는 사람이 많은가 봐요.

B: 네. 제가 아는 사람도 싼 값에 좋은 자리에서 가게를 열게 해 주겠다며 접근한 사기꾼의 ________________에 속아 재산을 몽땅 날렸어요.

(5) A: 부장님, 무슨 하실 말씀 있으십니까? 아까부터 뭔가 말하고 싶은 것이 있으신 것 같은데.

B: 의례적인 인사는 생략하고 ________________적으로 말하겠네. 오랫동안 지켜봐 왔는데 김 대리 정말 성실하더군. 앞으로 휴대 전화 사업을 하려고 하는데 나랑 같이 해 볼 생각 없나?

(6) (면접에서)

A: 박종국 씨는 특별히 존경하는 사람이 있습니까?

B: 네. 저는 김영호 교수님을 존경합니다. 기성세대는 말과 행동이 맞지 않는 경우가 많은데 김 교수님은 정말로 ________________하려고 노력하는 분이시기 때문입니다.

준비합시다

01 -자니

1. 알맞은 것을 골라 대화를 완성하세요.

갖다 낳다 살다 다니다 버리다 사귀다

(1) A: 생일 파티 음식이 많이 남았어요. 그냥 ______________ 아까운데 어쩌죠?

B: 이웃에 사는 사람들에게 나눠 주면 어때요? 인심도 얻고 좋잖아요.

(2) A: 차를 사자니 유지비가 많이 들고 걸어서 ______________ 너무 힘들고 어떻게 해야 할지 모르겠어요.

B: 일주일에 두 번은 택시를 타고 나머지는 조금 힘들더라도 계속 걸어서 다니면 어때요? 걸으면 운동도 되고 좋을 거 같은데.

(3) A: 결혼한 지 5년이 다 돼 가는데 아직도 아이를 낳을지 말지 결정을 못 했어요. 아이를 안 ______________ 나중에 갖고 싶을 때 안 생길까 봐 걱정이 돼요.

B: 당장 어떻게 결정할 수 있는 문제는 아닌 것 같네요. 가족과 진지하게 상의해 보세요.

(4) A: 지금 남자 친구랑 말이 잘 안 통해요. 계속 ______________ 답답하고 헤어지자니 아쉽고요.

B: 기회를 봐서 솔직하게 문제를 얘기해 보는 게 어때요?

(5) A: 남편이 외아들인데 시어른과 같이 살자고 하네요. 시어른을 모시고 ______________ 10년이나 따로 살았는데 불편할 것 같아요. 어쩌죠?

B: 따로 살되 가까운 곳으로 모시고 오면 어때요? 그럼 옆에서 챙겨 드릴 수도 있고 괜찮을 것 같은데요.

(6) A: 친구 송별회를 하려고 하는데 우리 집에서 모임을 ______________ 좁아서 큰일이에요. 그래서 친구 집에서 하자고 부탁해 볼까 해요.

B: 집이 좁은 것은 크게 문제가 되지 않을 것 같아요. 다른 친구에게 폐를 끼치느니 그냥 요코 씨 집에서 하면 어때요?

02 -네 -네 하다

1. 알맞은 것을 골라 대화를 완성하세요.

밉다/곱다	살다/못 살다	헤어지다/말다	자극적이다/맵다
월급이 쥐꼬리 만하다/집에서 멀다		개구리를 만들다/물고기를 만들다	

(1) A: 지민이랑 철호는 잘 살고 있대? 둘이 사이가 안 좋다는 소문이 있던데…….

B: 둘이 ______________ 결국 이혼했대. 정말 잘 살 줄 알았는데 말이야. 너무 안됐어.

(2) A: 남편을 정말 사랑하시나 봐요? 금슬이 좋아 보여요.

B: ______________ 저한테는 남편밖에 없어요. 싸울 때는 미워도 아플 때 챙겨 주는 사람은 남편밖에 없으니까요.

(3) A: 수연이가 직장 옮겼대? 계속 옮기고 싶어 하는 것 같던데…….

B: ______________ 같이 일하는 사람들과 정도 들었고 그만한 회사 찾기 힘들다고 계속 다닌다고 하던데.

(4) A: 남자 친구랑 얼마나 사귀었어요?

B: ______________ 계속 만난 지도 벌써 3년이 다 돼 가네요.

(5) A: 신문에서만 보다가 직접 이화식당 떡볶이를 먹어 보니 어때요?

B: 맛을 본 친구들이 ______________ 별로 기대하지 않았는데 직접 먹어 보니 정말 맛있던데요. 떡볶이 만드는 법을 좀 배워야겠어요.

(6) A: 유치원 참관 수업 잘 다녀오셨어요? 아이들이 뭘 하고 있던가요?

B: 선생님과 색종이로 ______________ 재미있게 놀고 있던데요. 그렇게 재미있게 놀고 있는 모습을 보니까 아이를 유치원에 보내는 게 훨씬 안심이 되더라고요.

03 -되

1. 알맞은 것을 골라 대화를 완성하세요.

집에 있다	게임을 하다	고기를 먹다
나가서 놀다	소식을 알리다	컴퓨터를 쓰다

(1) A: 엄마, 이제 밀린 숙제도 다 했으니까 놀이터에서 놀아도 되지요?

B: 그래. ______________________ 저녁 먹기 전에는 들어와야 한다.

(2) A: 어머니가 이렇게 편찮으신데 유학 간 큰언니에게도 알려야 하는 거 아니에요? 큰언니에게 전화해야겠어요.

B: 큰언니가 걱정할 테니까 편찮으시다는 ______________________ 걱정할 정도는 아니라고 말해.

(3) A: 이 약을 먹는 동안 주의해야 할 것이 있습니까? 저는 특히 고기를 좋아하는데요.

B: 단백질 섭취가 중요하니까 ______________________ 기름기가 많은 돼지고기는 피하는 게 좋습니다.

(4) A: 제 연구실 컴퓨터가 자꾸 다운돼서 그러는데 오늘만 선배 컴퓨터 좀 써도 돼요?

B: 그래. 그런데 ______________________ 아무 프로그램이나 마음대로 깔면 안 돼.

(5) A: 아이가 게임을 너무 좋아해서 걱정이에요. 못 하게 하는 방법이 없을까요?

B: 무조건 못 하게 하면 오히려 더 하고 싶어지지요. ______________________ 시간을 정해서 하게 하세요.

(6) A: 언니, 저희 집이 정전이 돼서 그러는데 며칠 신세 좀 져도 될까요?

B: 응. 그런데 우리 ______________________ 너무 큰 소리로 음악을 듣지는 마. 윗집 할머니가 까다로우셔서 조금만 시끄러워도 바로 찾아오시거든.

2. 알맞은 것을 찾아 연결하고 문장을 완성하세요.

A	B
보기 지인들에게 결혼 소식을 알리다 •	• 시간이 되면 직접 만나서 청첩장을 전하는 것이 예의다
(1) 서울중학교에서는 학생들에게 옷은 자유롭게 입게 하다 •	• ① 감정적으로 화를 내서는 안 되다
(2) 아이들이 잘못했을 때는 반드시 야단을 치다 •	• ② 화장이나 머리 염색은 철저히 금지하고 있다
(3) 이 주차장은 백화점 고객이면 누구나 주차가 가능하다 •	• ③ 일주일 이상 쓰려면 미리 허락을 받아야 하다
(4) 원할 때 언제든지 휴가를 신청하다 •	• ④ 2시간을 초과하면 안 되다
(5) 회의 중에 의견을 말할 때는 논리적으로 말하다 •	• ⑤ 표정이나 말투는 예의 바르게 하는 것이 좋다

보기 지인들에게 결혼 소식을 알리되 시간이 되면 직접 만나서 청첩장을 전하는 것이 예의입니다.

(1) ____________________

(2) ____________________

(3) ____________________

(4) ____________________

(5) ____________________

읽어 봅시다

다음을 읽고 물음에 답하세요.

ⓐ ______________________

한국어를 배울 때 비교적 쉽게 배우는 경우도 있지만 그렇지 않은 경우도 적지 않다. 그러나 한국어가 배우기 어렵네 쉽네 해도 그 특징을 안다면 훨씬 쉽게 한국어를 익힐 수 있을 것이다. 그렇다면 한국어가 다른 언어들과 구분되는 특징은 무엇일까?

한국어의 가장 큰 특징으로 의성어, 의태어가 크게 발달했다는 점을 꼽을 수 있다. 한국어에는 '퐁당, 풍덩' 같이 소리를 흉내 내는 의성어나 ⓑ __________ 과/와 같이 모양을 흉내 내는 의태어가 많다. 의성어, 의태어는 비슷한 모음끼리 사용되는 현상이 짙어 'ㅏ', 'ㅗ'는 'ㅏ', 'ㅗ'끼리, 'ㅓ', 'ㅜ'는 'ㅓ', 'ㅜ'끼리 어울리는 모음조화 현상을 잘 지키고 있다. 이러한 의성어, 의태어를 사용하면 자신의 느낌이나 생각을 풍부하고 섬세하게 표현하는 데 효과적이다.

조사가 발달했다는 것도 한국어의 대표적인 특징 중 하나이다. 한국어는 조사가 문법적 기능을 나타내는 경우가 많다. 예를 들어 "철수가 순이를 기다리고 있다."와 같은 문장의 경우, 조사 '가'는 주어가 '철수'라는 것을 조사 '을'은 목적어가 '순이'라는 것을 표시해 준다. '주어-목적어-서술어'가 한국어의 기본 어순이기는 하지만 이러한 조사 덕분에 한국어는 어순이 비교적 자유로운 편이다. 어순을 바꾸어 "순이를 철수가 기다린다."가 가능한 것도 '가'와 '를'이라는 조사가 있어서 비록 어순이 바뀌어도 그 의미는 무리 없이 전달되기 때문이다.

한국어의 특징으로 높임법의 발달도 빼 놓을 수 없다. "ⓒ ______________________"(이)라는 속담이 있을 정도로 한국 사람들은 윗사람을 존중하는 것을 중시했는데 이는 다양한 높임법의 발달로 이어졌다. 한국어에서 높임을 나타내는 대표적인 방법은 서술어에 '-(으)시-'를 사용하는 것이다. 주어가 누구인지에 따라 '가다'가 '가시다'로, '읽다'가 '읽으시다'로 바뀌는 것을 예로 들 수 있다. 이 이외에도 '생신, 진지, 댁, 연세' 등과 같이 어휘로 높임을 나타내기도 하며 상대방과의 관계나 상황에 따라 '-습니다', '-아/어요', '-(으)오' 같은 것을 사용하기도 한다.

한 언어를 제대로 배우기 위해서는 그 언어가 지닌 개별적인 특징을 파악하는 것이 도움이 된다. 앞에서 살펴본 한국어의 특징을 이해하면 한국어를 좀 더 정확하게 사용할 수 있을 것이다.

(1) ⓐ에 들어갈 제목을 10자 내외로 써 보세요.

(2) 이 글의 내용으로 알맞지 **않은** 것은 무엇입니까?

① 한국어는 비교적 어순이 자유로운 편이다.

② 한국어는 어휘를 사용한 높임법만이 유독 발달했다.

③ 한국어의 의성어, 의태어는 모음조화 현상을 따른다.

(3) ⓑ에 들어갈 수 **없는** 것은 무엇입니까?

① 깡충깡충

② 비틀비틀

③ 개굴개굴

(4) ⓒ에 알맞은 속담은 무엇입니까?

① 아 다르고 어 다르다

② 찬물도 위아래가 있다

③ 말 한마디에 천 냥 빚도 갚는다

(5) 이 글의 내용과 맞는 것에 ✔표 하세요.

① 한국어의 기본 어순은 주어–목적어–서술어이다. 네 ______ 아니요 ______

② 한국어는 의태어보다 의성어가 특별히 발달되어 있다. 네 ______ 아니요 ______

③ 한국어는 상대방과의 관계나 상황에 따라 높임법이 달라진다. 네 ______ 아니요 ______

메모

써 봅시다

다음을 보고 한국어의 특징에 대한 설명문을 완성하세요.

	한국어	영어
① **음운 대립**	달 : 탈 : 딸	/k/ : /g/
② **친족어 발달**	큰어머니, 작은어머니, 이모 등	aunt
③ **어순 차이**	나는 당신을 사랑합니다	I love you

한국어의 특징

한국어는 세계 여러 언어 가운데 하나이다. 그런 만큼 다른 언어와 공통된 점도 많지만 한국어만이 가지고 있는 독특한 특징도 있다. 한국어가 가지고 있는 이러한 개별적인 특수성에 대해 살펴보자.

먼저, 한국어의 음운에는 독특한 음운 대립이 있다. 예를 들면, 한국어의 자음은 다른 언어의 자음과 달리 '/ㄱ/, /ㅋ/, /ㄲ/', '/ㄷ/, /ㅌ/, /ㄸ/' 등이 서로 대립한다. '달(moon) : 탈(mask) : 딸(daughter)'이나 '불(fire) : 풀(grass) : 뿔(horn)'에서처럼 그 소리의 차이가 뜻의 차이로 이어진다. 이는 영어, 독일어, 프랑스어 같은 대부분의 서양어나 일본어가 '/t/, /k/'와 '/d/, /g/'와 같은 무성음, 유성음이 대립을 이루는 것과 대조적이다.

한국어에 친족 관계를 나타내는 어휘가 많다는 것도 특징 중 하나이다. 예를 들어, 영어에서는 'aunt'로 표현하는 대상이 한국어에서는 화자와의 관계에 따라 '큰어머니, 작은어머니, 이모, 고모, 외숙모' 등 여러 가지로 나타난다.

____

____

____

____

지금까지 한국어의 대표적인 특징에 대해 알아보았다. 한 언어를 제대로 이해하기 위해서는 그 언어의 고유한 특징을 파악하는 것이 중요하다. 따라서 이런 한국어의 특징을 제대로 이해하면 한국어를 좀 더 정확하게 사용할 수 있을 것이다.

말해 봅시다

다음은 한글의 과학성에 대한 발표의 한 부분입니다. 읽고 물음에 답하세요.

저희 조는 한글의 특징에 대하여 발표하고자 합니다. 한글은 한국 문자의 이름입니다. 한글은 로마자와 마찬가지로 자음과 모음이 따로따로 만들어진 자모 문자입니다. 한글은 1443년에 세종대왕이 창제했는데 그 원리가 독창적이고 과학적이어서 유네스코가 세계 문화유산으로 지정하고 세종대왕이 태어난 날을 세계 문맹 퇴치의 날로 정하여 기념하고 있습니다.

(중략)

두 번째로 꼽을 수 있는 한글의 특징은 ⓐ________________ 한글 자모가 발음 기관과 천지인을 본떴다는 것입니다. 자음은 발음 기관의 모양을 본떠서 만들었는데 예를 들면 'ㅇ(이응)'은 목구멍의 둥근 모양을, 'ㄴ(니은)'은 혀끝이 윗잇몸에 붙는 모양을 본떠서 만들었습니다. 모음은 하늘, 땅, 사람을 본떠서 만들었는데 'ㆍ(아래 아)'는 둥근 하늘을, 'ㅡ(으)'는 평평한 땅을 , 'ㅣ(이)'는 서 있는 사람을 형상화해서 만들었습니다.

다음은 김민호 씨가 한글의 세 번째 특징인 '모아쓰기'에 대해 발표해 주시겠습니다.

(후략)

(1) 한글에 대한 설명으로 알맞지 **않은** 것은 무엇입니까?

① 한글은 한국에서 사용하는 문자의 이름이다.

② 한글 자음 'ㄴ'은 잇몸의 뾰족한 모양을 본떠 만든 글자이다.

③ 세종대왕의 생일을 세계 문맹 퇴치의 날로 정하여 기념하고 있다.

(2) 밑줄 친 ⓐ에 들어갈 수 **없는** 표현은 무엇입니까?

① 여러분도 아시다시피

② 전체적인 흐름을 살펴보면

③ 앞에서 간단히 언급한 것처럼

제 6 과 경영 전략

어휘

1. 알맞은 것을 골라 대화를 완성하세요.

개정	소수	우량
불모지	성과급	원산지

(1) A: 올해 회사 매출이 지난해에 비해 50%나 늘었대요.

B: 그래요? 그러면 연말에 ____________ 을/를 받을지도 모르겠군요.

(2) A: 주식 투자를 하려고 하는데 어떤 기업에 투자하면 좋을까요?

B: 저도 전문가가 아니어서 잘 모르겠지만 시장에서 좋은 평가를 받고 있는 ____________ 기업에 투자하는 것이 좋을 것 같아요.

(3) A: 어떤 일을 결정할 때는 많은 사람이 찬성하는 쪽으로 결정하는 게 가장 합리적인 것 같습니다.

B: 글쎄요. 많은 사람의 의견도 중요하지만 ____________ 의 의견도 무시할 수는 없다고 생각합니다.

(4) (인터뷰에서)

A: 시장님, 지역민을 위한 내년도 계획은 무엇입니까?

B: 문화 공연장을 설립할 예정입니다. 문화 공연장을 설립하면 문화의 ____________ (이)던 우리 지역에서도 다양한 문화를 즐길 수 있을 겁니다.

(5) A: 소비자의 권리를 강화하는 쪽으로 소비자 보호법 ____________ 이/가 추진된다는 이야기 들었어요?

B: 아니요, 금시초문인데요. 그렇지만 법이 소비자의 권리를 강화하는 방향으로 나아간다면 우리 같은 소비자 입장에서는 좋은 일이 아닐 수 없네요.

(6) A: 한국에서는 음식 재료가 어디서 생산되었는지를 의무적으로 표기해야 한다면서요?

B: 네. 시장이나 슈퍼마켓, 심지어 식당에서 팔리는 음식까지 모두 ____________ 을/를 표기해야 해요.

2. 알맞은 것을 골라 대화를 완성하세요.

실직하다	용이하다	창출하다
추첨하다	탁월하다	회수하다

(1) A: 방금 말씀하신 아파트는 어떤 점이 좋습니까?

B: 교통편이 좋아서 출퇴근이 매우 ____________. 그래서 이 아파트를 찾는 사람이 많아요.

(2) A: 이번에 항암 효과가 ____________ 약이 개발됐다는 소식 들었어요?

B: 그래요? 그렇다면 암 환자나 가족들에게 희소식이 아닐 수 없겠는걸요.

(3) A: 시청에서 운영하는 재취업 프로그램이 있다면서요?

B: 네. ____________ 사람들이 다시 취업할 수 있도록 재취업 프로그램을 운영하고 있어요.

(4) A: 유통 기한이 지난 제품은 어떻게 됩니까?

B: 유통 기한이 지난 제품은 모두 ____________ 폐기 처분하니까 안심하셔도 됩니다.

(5) A: 라디오 프로그램에 사연을 써서 보내면 ____________ 선물을 준대요.

B: 정말이에요? 그럼 저도 사연을 써서 보내 봐야겠네요.

(6) A: 정부에서 의욕적으로 추진하고 있는 핵심 사업은 무엇입니까?

B: 바로 일자리를 ____________ 것입니다. 많은 일자리를 만듦으로써 일자리를 구하는 모든 사람이 언제든지 일할 수 있도록 만드는 것이지요.

3. 알맞은 것을 골라 대화를 완성하세요.

무릎을 꿇다	순위를 다투다	승패를 가르다
어깨를 견주다	접전을 벌이다	

(1) A: 이번 회장 선거에서 당선된 사람은 누구예요?

B: 이명희 씨와 박민호 씨가 팽팽한 ______________________ 끝에 박민호 씨가 15표 차이로 아슬아슬하게 당선되었어요.

(2) A: 어제 올림픽 수영 경기 봤지? 김영수 선수가 1등을 했을 때 나도 모르게 눈물이 나더라.

B: 나도 그랬어. 2등과는 1초도 차이가 나지 않았잖아. 그 짧은 시간이 ______________________ 정말 멋진 경기였어.

(3) A: 한 초등학생이 대학교에서 배우는 어려운 수학 문제를 풀었대요.

B: 대단한 학생인데요. 어린 나이에 대학교에서 배우는 문제를 풀 정도라면 대학생과 ______________________ 손색이 없을 만큼 똑똑하네요.

(4) A: 요즘 시청률이 1위인 방송 프로그램은 뭐예요?

B: MBS에서 방송하고 있는 〈이상한 나라〉와 KBC에서 방송하고 있는 〈천사를 기다리다〉가 1위를 놓고 ______________________.

(5) A: 현실이 너무 힘들어서 모든 걸 포기하고 싶어요.

B: 아무리 힘들어도 현실의 어려움에 ______________________ 인 됩니다. 현실과 싸워 이겨 나갈 수 있도록 조금만 더 힘을 내 보세요.

메모

4. 알맞은 것을 골라 대화를 완성하세요.

견물생심	금상첨화	다다익선
소탐대실	일확천금	천정부지

(1) A: 갑자기 추워진 날씨 때문에 배추 값이 많이 오른 것 같아요.

B: 맞아요. 자고 일어나면 가격이 ______________(으)로 오르니 정말 걱정이네요.

(2) A: 올해 복권 판매량이 지난 20년 동안의 기록을 갈아 치웠대요. 왜 이렇게 복권이 잘 팔리는 거죠?

B: 왜긴 왜겠어요. 열심히 노력하지도 않고 ______________을/를 노리는 사람들이 많아졌기 때문이지요.

(3) A: 만약 길에 현금 백만 원이 들어 있는 종이 봉투가 떨어져 있는 걸 본다면 어떻게 할 거예요?

B: 막상 보면 ______________(이)라는 말처럼 욕심이 생길 수도 있겠지만 그래도 경찰서에 가져다 줘야지요.

(4) A: 수진아, 네 생각에 좋은 친구는 몇 명 정도 있어야 할 것 같아?

B: 글쎄. ______________(이)라는 말처럼 좋은 친구는 많으면 많을수록 좋지 않을까?

(5) A: 아까 30대로 보이는 남자가 뭐가 그리 급한지 교통 신호를 무시한 채 길을 건너다가 크게 다쳤어요.

B: 안됐네요. ______________(이)라는 말도 있듯이 조금 빨리 가려다가 귀중한 생명을 잃을 수도 있는데 안타까운 일이네요.

(6) A: 민수 씨, 취업 준비를 하고 있다는 이야기 들었어요. 어떤 회사에 가고 싶어요?

B: 월급이 많고 휴가도 넉넉한 회사라면 ______________(이)지요.

준비합시다

01 -기는 고사하고

1. 알맞은 것을 골라 대화를 완성하세요.

낫다	받다	만나다
내리다	구경하다	기증하다

(1) A: 경주에 간다고 했었지요? 불국사와 석굴암은 구경하셨어요?

B: 불국사와 석굴암을 ____________ 갑자기 회의가 생겨서 경주에 가지도 못했어요.

(2) A: 뉴스에서 생필품 가격이 좀 내린다고 하던데 정말 가격이 내렸어요?

B: 아니요. 가격이 ____________ 오히려 지난주에 비해 더 오른 것 같아요.

(3) A: 아까 민호 씨가 수진 씨를 만나러 간다고 하던데 만났어요?

B: 못 만났어요. 민호 씨를 ____________ 민호 씨한테서 전화 한 통 없었어요.

(4) A: 한 달 동안 병원에 입원했었다고 들었는데 이제 몸은 좀 나아졌어요?

B: 아니요. 몸이 ____________ 더 안 좋아지는 것 같아서 걱정이에요.

(5) A: 사람들이 바자회에 물건을 많이 기증했어요?

B: 물건을 ____________ 바자회를 하는지조차 모르는 사람들이 대부분인 것 같아요.

(6) A: 어제 생일이었잖아요. 선물 많이 받았어요?

B: 선물을 ____________ 생일을 기억하고 있는 사람조차 없었어요.

02 -(으)ㄹ라치면

1. 알맞은 것을 골라 대화를 완성하세요.

가다	하다	돌리다
붙이다	관찰하다	운동하다

(1) A: 어제 숙제를 다 끝낼 거라고 했잖아요. 그런데 아직도 다 못 끝냈나 봐요?

B: 숙제를 다 끝낼 계획이었는데 숙제를 ________________ 친구들한테서 계속 전화가 오는 바람에 결국 다 못 끝냈어요.

(2) A: 저는 아침에 개미를 보면 하루 종일 안 좋은 일이 생겨요. 재연 씨는 그런 징크스 없어요?

B: 저는 꼭 마음먹고 도서관에 ________________ 도서관이 휴관하는 경우가 많아요. 이런 것도 징크스겠지요?

(3) A: 아기가 어려서 많이 힘들지요?

B: 네. 피곤해서 잠깐 눈이라도 ________________ 아기가 울어서 좀 힘들어요.

(4) A: 겨울 철새에 대한 관찰 보고서는 다 완성했어요?

B: 아니요. 보고서를 완성하기는커녕 철새를 제대로 볼 수도 없었어요. 가까이 가서 ________________ 멀리 날아가 버리곤 해서 관찰하기가 너무 어려웠어요.

(5) A: 건강을 위해 저녁에 운동하고 있다고 들었는데 잘되고 있어요?

B: 아니요. ________________ 중요한 저녁 약속이 잡히거나 늦은 밤에 갑자기 회의가 생기곤 해서 전혀 못 하고 있어요.

(6) A: 점심시간이 지나면 식당도 한가하지요? 그때는 좀 쉴 수 있겠네요.

B: 아니요. 점심시간이 지나 한숨 좀 ________________ 어김없이 손님이 또 오더라고요.

2. 알맞은 것을 찾아 연결하고 문장을 완성하세요.

계획	하지 못한 일
보기 밖에 빨래를 널다	갑자기 비가 오거나 바람이 불어서 밖에 널지 못하다
(1) 친구들과 노래방에 가다	① 누군가가 감기에 걸려 노래방에 가지 못하다
(2) 큰맘 먹고 백화점에 가서 쇼핑하다	② 휴대 전화 배터리가 방전되다
(3) 중요한 연락을 하다	③ 환율이 오르다
(4) 외국 여행을 하다	④ 프린터가 작동하지 않다
(5) 잠자리에 들다	⑤ 전화벨이 울리다
(6) 밤새 작성한 서류를 프린터로 출력하다	⑥ 백화점 정기 휴일이다

보기 날이 좋아서 밖에 빨래를 널라치면 갑자기 비가 오거나 바람이 불어서 밖에 널지 못한다.

(1) ______________________________.

(2) ______________________________.

(3) ______________________________.

(4) ______________________________.

(5) ______________________________.

(6) ______________________________.

03 -ㄴ/는다는

1. 알맞은 것을 골라 대화를 완성하세요.

좁다	이기다	떨어지다
뛰어나다	성공하다	부지런하다

(1) A: 이번에 올림픽에서 신기록을 달성하셨는데 신기록을 달성할 수 있었던 특별한 방법이 있었나요?

B: 자기 자신을 ________________ 각오로 열심히 준비했기 때문에 이런 좋은 결과를 얻을 수 있었던 것 같습니다.

(2) A: 선생님, 모든 물체는 위에서 아래로 ________________ 중력의 법칙을 증명한 사람은 누구입니까?

B: 아이작 뉴턴입니다.

(3) A: 얼굴 생김새와 관련된 편견에는 어떤 것이 있나요?

B: 눈이 큰 사람이 겁이 많다거나 이마가 좁은 사람이 속이 ________________ 생각이 모두 편견에 해당될 수 있습니다.

(4) (면접에서)

A: 김영미 씨, 자신의 장점을 말해 주세요.

B: 네. 저는 매우 성실하고 ________________ 장점을 가지고 있습니다.

(5) A: 미정아, 이 책만 끝까지 다 읽으면 성공할 수 있대. 너도 한번 읽어 봐.

B: 말도 안 돼. 이 책만 읽는다고 ________________ 보장이 어디 있니?

(6) A: 이 자동차의 성능은 어떻습니까?

B: 매우 우수합니다. 소음도 거의 없고 연비가 ________________ 특징 때문에 요즘 관심을 많이 받고 있습니다.

읽어 봅시다

다음을 읽고 물음에 답하세요.

ⓐ ______________________

사람들은 실패를 두려워한다. 한 번의 실패가 모든 것을 잃게 만들 수 있다는 불안감이 실패를 걱정하게 만든다. 회사를 경영하는 경영자는 실패에 대한 두려움이 더 크다. 자신의 잘못된 경영 전략으로 인해 회사가 어려움에 처하게 된다면 많은 직원들이 일자리를 잃을지도 모른다는 부담감이 작용하기 때문이다. 그러나 과연 한 번의 실패로 모든 것을 잃게 될까? 그렇지는 않다. 오히려 실패를 거울삼아 다시 도전한 후 크게 성공하는 회사도 많다.

먼지 봉투가 필요 없는 진공청소기를 개발해 영국 청소기 제조분야에서 1위를 달리는 '다이슨'의 경우 기술 개발 과정에서 실패를 무려 5,126번이나 했다. 그러나 포기하지 않고 꾸준히 기술 개발에 주력한 결과 5,127번에 이르러 먼지봉투가 필요 없는 진공청소기를 개발해 소비자에게 편리함을 전달했다. '다이슨'의 성공은 비록 실패했지만 포기하지 않고 다시 도전했기 때문에 얻을 수 있었던 값진 결과라고 할 수 있다.

이런 성공은 '다이슨'뿐만이 아니다. 주방에서 사용하는 밀폐 용기를 만드는 한국의 '락앤락'은 뛰어난 기술력으로 밀폐가 확실히 되고 공간 활용성이 뛰어난 용기를 만들었지만 처음 개발했을 때 소비자에게 제품의 우수성을 전달하지 못해 시장에서 외면당했다. 소비자의 인지도가 너무 낮아서 실패했던 '락앤락'은 포기하지 않았다. 실패 이유를 꼼꼼히 분석하고 인지도를 키우기 위한 전략을 세웠던 것이다. '락앤락'은 한 번의 방송으로도 방송을 보는 소비자에게 제품의 기능과 품질을 알릴 수 있는 홈쇼핑 방송을 통해 제품의 우수성을 전달했고 결국 밀폐 용기 시장에서 성공할 수 있었다.

만약 이들 기업이 실패했다고 포기했다면 과연 시장에서 1위가 될 수 있었을지 생각해 볼 일이다. 성공한 경영자들이 제일 좋아하는 말은 '실패는 있어도 포기란 없다.'는 말이라고 한다. 비록 실패하더라도 ⓑ'칠전팔기'의 정신으로 실패를 발판삼아 더 나은 것을 만들기 위해 노력해야 성공할 수 있다는 것을 ⓒ그들은 알고 있었던 것이다. '실패는 성공의 어머니'라는 말이나 '실패는 성공의 씨앗'이라는 말은 모두 성공하기 위해서는 무수히 많은 실패가 있었음을 의미한다. 실패했다고 좌절하기보다는 다시 도전함으로써 성공을 부르는 경영 전략을 세우는 것이 성공의 가능성을 키우는 길임을 잊지 말아야 할 것이다.

(1) ⓐ에 들어갈 제목으로 알맞은 것은 무엇입니까?

① '다이슨'의 경영 전략

② 기술 개발을 위한 경영 전략

③ 실패와 도전에서 배우는 경영 전략

(2) 이 글의 서술 방식으로 적절한 것은 무엇입니까?

① 기업의 실패 이유를 분석하고 있다.

② 경영 전략의 종류에 대해 분류하고 있다.

③ 기업의 실패와 성공에 대해 예를 들어 설명하고 있다.

(3) ⓑ의 의미로 알맞은 것은 무엇입니까?

① 아무리 실패해도 다시 일어서려는 정신

② 피할 수 있다면 피하는 것이 좋다는 정신

③ 성공하기 위해서 화를 내지 않고 참으려는 정신

(4) ⓒ는 누구를 말하는지 찾아 쓰세요.

(5) 이 글의 내용과 맞는 것에 ✔표 하세요.

① 성공한 경영자는 실패를 피하려고 한다. 네 ______ 아니요 ______

② '락앤락'은 제품의 성능 때문에 시장에서 외면당했다. 네 ______ 아니요 ______

③ 실패에 굴하기보다는 다시 도전함으로써 성공의 가능성을 키우는 것이 중요하다.
네 ______ 아니요 ______

메모

써 봅시다

다음을 보고 고객 서비스 개선에 대한 건의문을 완성하세요.

건의 내용	· 음성 제공 서비스 시행 · 시각 장애인을 위한 검색 페이지 추가 · 사이트를 이용하는 시각장애인을 위한 게시판 추가

시각장애인을 위한 인터넷 서비스 개선을 바란다

안녕하십니까? 잘 아시다시피 우리나라는 IT 강국 중 하나이며 인터넷 사용 인구도 전 세계 10위권 안에 들 정도로 인터넷 이용이 일상화된 나라입니다. 이렇게 발달한 인터넷 이용을 기반으로 귀사의 인터넷 포털은 많은 사람들이 사용하는 대표적인 포털사이트로 자리 잡았다고 생각됩니다. 그렇지만 귀사가 제공하는 정보의 대부분이 장애인에게는 주어질 수 없는 것 같아 아쉬움이 남습니다. 저와 같은 시각장애인은 귀사의 검색 서비스를 이용하는 데 제한이 있습니다. 따라서 시각장애인을 위한 몇 가지 건의를 하고자 합니다.

저는 이상의 몇 가지 서비스가 개선된다면 귀사가 일반인뿐만 아니라 시각장애인을 위한 사이트로 거듭날 수 있으리라 확신합니다. 다양한 고객의 입맛을 맞출 수 있는 서비스를 해주시기를 기대합니다.

말해 봅시다

다음은 회사 사정이 어려운 중소기업의 문제점을 해결하기 위한 토의의 한 부분입니다. 읽고 물음에 답하세요.

A: 회사 사정이 나빠졌을 때는 직원을 줄이는 게 우선이 아닐까요? 인건비를 줄이면 회사에 필요한 자금을 만들 수 있을 테니까요. 회사 사정이 좋아졌을 때 다시 직원들을 채용하는 게 좋지 않을까 생각됩니다.

B: 글쎄요. 저는 직원을 줄이는 것은 회사의 이미지를 실추시킬 수 있다고 생각합니다. 어려울 때마다 직원을 감원하는 회사라면 직원들이 열심히 일하기 힘들지 않을까요?

C: 만약 직원을 감원하는 게 힘들다면 임대료가 싼 지역으로 회사를 이전해 보는 것은 어떨까요? 그것도 ⓐ하나의 대안이 될 수 있다고 생각합니다.

(1) A의 의견으로 알맞은 것은 무엇입니까?

① 힘들 때 직원을 줄이는 것은 회사의 이미지를 나빠지게 한다.

② 회사가 좋아지면 열심히 일하는 직원을 우선적으로 채용해야 한다.

③ 회사를 살리는 것이 우선인 만큼 인건비를 줄여서 문제를 해결해야 한다.

(2) C는 B의 발언에 대해 어떻게 생각하고 있습니까?

① B의 발언에 전적으로 동의하고 있다.

② B의 발언을 듣고 또 다른 방법을 제시하고 있다.

③ B의 발언을 부분적으로 인정하면서 반박하고 있다.

(3) 밑줄 친 ⓐ와 바꿔 쓸 수 **없는** 표현은 무엇입니까?

① 마지막 선택이 될 수 있습니다

② 또 다른 방법이 될 수 있습니다

③ 문제의 해결책이 될 수 있습니다

제 7 과 한국인의 일생

어휘

1. 알맞은 것을 골라 대화를 완성하세요.

금줄　　매장　　묵념　　수석　　삼칠일　　조문객

(1) A: 아기가 태어나면 ______________ 을/를 치는 이유는 무엇입니까?

B: 외부에 아기가 태어났다는 것을 알리고 나쁜 기운이 집 안에 들어오는 것을 막고자 하기 때문입니다.

(2) A: 출산 후에 특별히 조심해야 하는 것이 있어요?

B: 아이를 낳은 산모는 적어도 ______________ 동안은 충분히 쉬어야 해요. 이때 차가운 음식이나 매운 음식은 피하고 외출도 하지 않는 게 좋지요.

(3) A: 한국의 장묘 방법이 변하고 있다면서요? 얼마 전에 신문에서 봤어요.

B: 네. 이제까지 한국에서는 땅을 파고 시신을 묻는 ______________ 이/가 많았는데 요즘에는 묘 자리도 비싸고 관리도 어렵고 해서 화장을 많이 하고 있어요.

(4) A: 제 친구 아버지가 돌아가셔서 상가에 가야 하는데 뭘 입고 가야 해요?

B: 보통 ______________ 은/는 검은색이나 흰색 계열의 옷을 입고 가는 게 일반적이에요. 그러니까 지난번에 산 검은색 정장을 입으면 되겠네요.

(5) A: 한국에서는 장례식장에서 꼭 절을 해야 합니까?

B: 아니요. 절을 하지 않고 영정 사진 앞에 꽃을 꽂은 후에 ______________ 을/를 해도 괜찮아요.

(6) A: 영민 씨는 정말 공부를 잘하는 것 같아요. ____________(으)로 대학교를 졸업했대요.

B: 맞아요. 고등학교 다닐 때도 성적이 좋아서 줄곧 장학금을 받았대요. 정말 부러워요.

2. 알맞은 것을 골라 대화를 완성하세요.

기리다	여의다	거리끼다	낙방하다	냉랭하다	으스대다

(1) A: 우리 아이가 자꾸 거짓말을 해서 걱정이에요. 어쩌죠?

B: 걱정이네요. 거짓말도 자꾸 하면 별로 양심에 ____________ 않게 되니까 습관이 되기 전에 하지 못하게 확실히 해 둬야겠네요.

(2) A: 마이클 씨는 어떤 사람이야? 사람들 사이에 평가가 별로 안 좋더라고.

B: 자랑이 좀 심해서 그래. 며칠 전에는 자기 집이 부자라고 어찌나____________ 정말 못 봐 주겠더라고.

(3) A: 요즘 율리아 씨하고 ____________ 보이던데 무슨 일 있어?

B: 아니 두 달 전에 빌려간 돈을 아직도 안 갚지 뭐야. 나도 요즘 경제적으로 어려워 얼른 갚으라고 얘기한 후부터 좀 그래.

(4) A: 소설가 장석진 씨가 돌아가셨다면서요?

B: 네, 맞아요. 훌륭한 작품을 많이 남기셨는데……. 이제 그의 작품을 다시 볼 수 없다니 정말 아쉬워요. 그래서 소설 쓰는 후배들이 고인을 ____________ 문학상을 만들기로 했대요.

(5) A: 이번에도 승진 시험에서 ____________. 이번에는 정말 붙을 줄 알았는데. 진급하기는 다 틀린 것 같아요.

B: 그래도 포기하지 말고 다시 한번 도전해 보세요. 다음에는 꼭 좋은 결과가 있을 거예요.

(6) A: 김 회장님, 어렸을 때 부모님이 돌아가셨다면서요?

B: 네. 저는 부모님을 일찍 ____________ 고아로 자랐습니다. 친척 집에서 살면서 여러 가지 아르바이트를 하며 겨우 고등학교를 마쳤지요. 어려운 시절이었습니다.

3. 알맞은 것을 골라 대화를 완성하세요.

숨이 멎다	**목숨을 끊다**	**최후를 맞다**
눈에 흙이 들어가다	**한 줌의 재가 되다**	

(1) A: 탤런트 김수지 씨 봤어? 실제로 보니까 어때?

B: 정말 보는 순간 ________________ 정도로 예쁘게 생겼어. 멀리서 봤는데도 빛이 나던걸. 역시 그 정도 미모는 되어야 탤런트가 될 수 있나 봐.

(2) A: 요즘 청소년 자살률이 높아지고 있다면서요?

B: 네. 학업 스트레스가 심해서인지 아니면 위기 대처 능력이 부족해서인지 자신들의 처지나 성적을 비관해서 ________________ 학생의 수가 늘어나고 있는 것은 사실인 것 같아요.

(3) A: 영민이가 진로를 결정했대? 아버지의 반대가 심하다고 했잖아.

B: 아직 결정 못 했대. 아버지가 "내 ________________ 전까지는 절대로 연극영화과에 갈 수 없다."라고 하셨대. 아버지 뜻을 어기기가 어려워서 아직도 고민 중인 것 같아.

(4) A: 요즘 어떤 드라마가 인기가 많아?

B: 사극 〈별들의 전쟁〉이 인기가 많지. 장군 역을 맡은 배우 김현철의 연기가 정말 일품이거든. 그런데 어제 전쟁에서 장렬한 ________________ 이제 더 이상 출연하지 않아. 그의 연기를 볼 수 없다니 너무 아쉬워.

(5) A: 소설가 김완중 씨가 ________________ 우리 곁을 떠났습니다.

B: 네. 이 시대의 지식인으로 모범을 보여 주신 분이었는데……. 빈소는 이화병원에 마련되었다고 합니다.

4. 알맞은 것을 골라 대화를 완성하세요.

고진감래	대기만성	백년해로
자수성가	전화위복	파란만장

(1) A: 이제는 큰 기업의 회장이 되셨는데요. 비결이 있다면 좀 알려 주시지요.

B: 밑바닥부터 시작해서 온갖 고생을 다 했습니다. ____________________(이)라고 힘들지만 어려운 시기를 잘 견디면 좋은 일이 생길 겁니다.

(2) A: 어제 배우 박용진 씨가 토크쇼에 나왔다면서?

B: 응. 어머니도 일찍 돌아가셨고 사춘기 때는 방황도 심하게 해서 자살을 생각한 적도 있대. 그런데 배우가 되고 나서도 이상한 소문에 연루돼서 오랫동안 집에서 나오지 않는 등 ____________________한 삶을 살았더라.

(3) A: 김수진 씨 결혼식에 갔다왔지?

B: 물론이지. 신랑신부에게 ____________________하면서 행복하게 살라고 이야기해 주고 왔지.

(4) A: 아버지께서 성공한 사업가라면서요? 연 매출액이 100억 원에 달한다고 들었습니다.

B: 네, 물려받은 재산이 없이 혼자 힘으로 성공하신 분이시죠. 시골에서 서울로 올라오셔서 아무 도움도 받지 않고 ____________________하신 분입니다.

(5) A: 뮤지컬 〈친구〉의 주인공이 바뀌었다면서?

B: 응. 주인공으로 캐스팅된 주지현이 건강상의 이유로 빠질 때만 해도 뮤지컬의 앞날이 어두워 보였는데 오히려 ____________________이/가 됐어. 슈퍼스타 신남주가 그 역을 맡게 됐거든. 흥행이 보장된 거지.

(6) A: ____________________(이)라고 야구 선수 박동은을 보면 정말 그런 것 같아.

B: 그래, 맞아. 프로 입단 초기에는 그렇게 두각을 나타내지 못했는데 10년이 지난 지금은 경기마다 홈런을 3개씩이나 치고 있잖아.

준비합시다

01 -(으)ㄴ/는 양

1. 알맞은 것을 골라 대화를 완성하세요.

없다	좋다	되다
나가다	모르다	좋아하다

(1) A: 박민수 씨와 유혜련 씨는 대학 선후배 사이라서 서로 친하지 않아요? 그런데 아까 두 사람이 서로 인사도 하지 않고 ________________ 지나가더라고요.

B: 요즘 인사부에서 감원한다는 소문이 있더라고. 누가 해고당할지 모르니 인사부 자체 분위기가 안 좋대.

(2) A: 민준 씨가 요코 씨를 정말 좋아하는 것 같아요. 오늘도 요코 씨를 집까지 데려다 준다면서 같이 가자고 하던데요?

B: 글쎄요. 두 달 전에는 티엔 씨에게 그랬어요. 요코 씨를 ________________ 친절을 베풀고 있지만 믿을 수 없어요. 얼마 지나지 않아 다른 여자한테 또 그럴지도 모르거든요.

(3) A: 철호 씨는 왜 저렇게 멍하니 있어요?

B: 어제 친구가 사고로 죽었다는 소식을 듣고 정신이 ________________ 하루 종일 저렇게 창밖만 바라보고 있어요.

(4) A: 영수 씨가 이번 일도 자기가 해결하겠다고 큰소리를 쳤어요.

B: 그 사람은 항상 문제를 해결할 사람이 자기밖에 ________________ 제일 먼저 나서요.

(5) A: 저 두 사람은 매일 같이 다니는 걸 보니 사이가 좋은 모양이에요.

B: 알고 보면 그렇지도 않아요. 남들 앞에서는 사이가 ________________ 팔짱을 끼고 다니지만 상대방이 없으면 서로 험담하기 바빠요.

(6) A: 3년 동안 살던 하숙집을 옮기려고 한다면서? 무슨 일 있어?

B: 하숙집 아주머니가 자꾸 엄마라도 ________________ 잔소리를 하잖아. 이제는 지겨워서 더 이상 못 참겠어.

02 -는 둥 마는 둥 하다

1. 알맞은 것을 골라 대화를 완성하세요.

감다	듣다	먹다
자다	하다	치우다

(1) A: 아직 11시밖에 안 됐는데 벌써 점심을 먹으려고요?

B: 늦게 일어나서 아침밥을 ______________ 배가 고프네요.

(2) A: 방이 왜 이렇게 지저분해. 좀 치우고 살아라.

B: 룸메이트가 방을 어질러서 정리하라고 했는데 ______________ 그냥 나가서 그래.

(3) A: 민지는 머리가 나쁜가 봐요. 아무리 설명해 줘도 나중에 자꾸 딴소리를 해요.

B: 머리가 나쁜 게 아니라 집중하지 않는 것 같아요. 남이 설명할 때 ______________ 알아듣지 못하는 게 당연해요.

(4) A: 너 머리에 그게 뭐야? 샴푸 거품이 아직도 머리에 남아 있는데?

B: 뭐? 샤워하는 중에 갑자기 전화가 와서 머리를 ______________ 나왔더니 이렇게 됐네.

(5) A: 어제 무슨 급한 일이 있었나 봐. 길거리에서 네가 뛰어가길래 불렀는데 못 듣고 가더라. 화장도 안 했던데?

B: 응. 전화가 와서 동생이 응급실이라고 하지 뭐야. 그래서 화장도 ______________ 달려갔지. 누가 날 부르는 소리가 들린 것도 같았는데 거기에 신경 쓸 시간이 없었어.

(6) A: 피곤해 보이네요. 눈도 충혈됐고요.

B: 오늘 볼 면접시험 때문에 긴장해서 어젯밤에 ______________ 그런가 봐요.

2. 다음을 읽고 밑줄 친 내용에 맞게 '-는 둥 마는 둥 하다'를 사용해서 문장을 만드세요.

20xx 년 10월 21일 수요일, 날씨 ☼

눈을 뜨니 벌써 8시 30분이었다. 알람 시계를 6시에 맞춰 놓고 잤는데 끄고 다시 잔 것이 문제였다. 보기 어젯밤에 윗집 부부가 싸우는 통에 자가다 깼다가를 반복했더니 제시간에 일어나지 못한 것이다. 서둘러 식사를 하는데 잠을 잘 못 자서 그런지 식욕이 없어서 그런지 밥도 (1)몇 숟가락 먹지 못했다. 남편이 침실에 들어갔다가 나온 뒤 (2)청소를 꼼꼼하게 하지 않고 대충대충 했다고 아침부터 잔소리를 했다. 화가 났지만 애들이 보고 있어서 참았다. 나도 집 안 청소에 대해 할 말이 많아 이참에 이야기를 해야겠다고 생각했다. 어렵게 운을 떼 평소에 내 생각을 말했는데 남편은 아이들을 챙기느라 (3)내 말을 잘 듣지 않는 것 같았다. 시간이 촉박해서 샤워하려고 목욕탕에 들어갔다. 샤워를 하고 있는데 중간에 갑자기 단수가 돼서 (4)제대로 씻지도 못하고 나왔다. 시계를 보니 늦어서 (5)애들에게 인사도 똑바로 못 하고 허둥지둥 밖으로 나왔다.

보기 어젯밤에 윗집 부부가 싸우는 통에 잠을 자는 둥 마는 둥 했다.

(1) ______________________________.

(2) ______________________________.

(3) ______________________________.

(4) ______________________________.

(5) ______________________________.

03 -(으)ㄹ지언정

1. 알맞은 것을 찾아 연결하고 문장을 완성하세요.

A	B
보기 세상 사람들이 모두 틀렸다고 말하다	내 소신껏 행동하다
(1) 주머니 사정이 넉넉하지 않다	① 용기를 내어 고백하다
(2) 짝사랑하는 여자에게 차이다	② 꼭 배낭 여행을 가다
(3) 과장님께 호되게 꾸중을 듣다	③ 회의 준비를 못했다고 솔직히 말하다
(4) 연극을 계속하면 큰돈을 벌 수 없다	④ 수업에 빠지지 않고 성실하게 공부하다
(5) 몸이 아프고 힘들다	⑤ 연극을 포기하지 않다

보기 세상 사람들이 모두 틀렸다고 말할지언정 내 소신껏 행동할 것이다.

(1) ______________________________.

(2) ______________________________.

(3) ______________________________.

(4) ______________________________.

(5) ______________________________.

읽어 봅시다

다음을 읽고 물음에 답하세요.

'죽음'에 녹아 있는 한국인의 의식

우리는 생활 속에서 '○○○ 대통령 서거', '○○○ 회장 별세', '가수 ○○○ 자살' 같은 유명한 사회 인사의 죽음이나 친구, 가족 같은 가까운 사람들의 사망 소식을 종종 듣게 된다. 사람이 죽는다는 것은 보편적인 진리이지만 죽음을 바라보는 시각은 나라나 문화마다 다르다. 그렇다면 한국인은 죽음을 어떻게 생각하고 있을까?

한국인이 쓰는 말을 들여다보면, '살다'보다는 ⓐ'죽다'라는 표현을 더 자주 접하게 된다. 자신이 처한 힘든 상황을 과장하며 말할 때에도 "바빠 죽겠네.", "더워 죽겠네.", "배고파 죽겠네."처럼 '죽다' 표현을 사용한다. 이뿐만 아니라 좋은 상황에서도 "좋아 죽겠네.","예뻐 죽겠네.", "귀여워 죽겠네."처럼 자신의 감정을 죽음과 관련지어 말하기도 한다.

언어 속에서뿐만 아니라 생활 속에서도 한국인은 죽음을 낯설지 않게 생각한다. 한국인은 죽기 전에 수의를 준비하고, 영정 사진을 찍고, 자신이 묻힐 묘를 미리 정해 두는 경우가 많다. 이를 통해 남은 이들에게 폐가 되지 않게 삶을 깨끗하게 마감하려는 한국인들의 모습을 볼 수 있다. 죽었을 때 입는 수의는 자손이 미리 준비해 두면 부모가 장수하는 것으로 여겨, 귀신의 감시 밖에 있다는 윤달에 미리 지어 놓는다. 영정 사진도 미리 찍어 두면 장수한다고 하여 회갑이나 칠순이 지나면 나이든 어르신들은 사진을 미리 마련한다. 또한 묘를 잘 써야 자손이 잘된다고 하여 묘 자리도 풍수지리를 잘 보고 명당인 곳을 미리 정한다. 살아 있을 때 이러한 준비를 미리 해 둔다는 것은 죽음을 자연스럽게 받아들이는 문화적인 태도를 의미한다.

죽음을 자연스럽게 받아들이는 태도는 장례식장의 분위기에서도 알 수 있다. 간혹 한국 장례식장에 처음 간 외국인들은 장례식장이 너무 시끄러워서 놀란다. 한국인은 조상이 돌아가시더라도 영혼이 있어 늘 후손을 지켜 주고 돌봐준다는 믿음을 가지고 있다. 따라서 나이가 많으신 부모님이 돌아가신 경우 장례식장이 마냥 비통하고 슬픈 분위기라기보다는 시끌벅적한 경우도 있어 잔칫집 분위기와 비슷하다고 느끼는 사람도 있다. 장례식장에서 오래 만나지 못했던 친척이나 친구, 동료를 만나 그동안 나누지 못한 이야기를 나눈다. 즉, 죽은 영혼에 집착하기보다는 잔치를 치르듯 죽은 이를 편안하게 보내고자 한다.

앞에서 살펴본 바와 같이 한국인들에게는 죽음은 두렵고 무섭다기보다는 가깝고 친근한 존재라고 할 수 있다. 죽음조차 삶의 일부로 보기에 한국인들은 죽음이 단순히 육체가 없어지는 것일 뿐 영혼은 새로운 삶을 다시 영위해 간다고 믿는 것이다.

(1) 이 글의 주제로 알맞은 것은 무엇입니까?

① 한국인의 가치관

② 한국인의 죽음관

③ 한국인의 인생관

(2) ⓐ와 비슷한 의미가 아닌 것은 무엇입니까?

① 별세하다

② 서거하다

③ 존재하다

(3) 이 글을 읽고 맞는 것에 ✔표 하세요.

① 한국인은 죽음을 두려운 대상이라고 생각한다. 네 ______ 아니요 ______

② 한국에서 묘 자리는 자손의 미래와 상관이 있다. 네 ______ 아니요 ______

③ 좋은 상황에서도 '죽다'라는 단어가 들어간 표현을 사용할 수 있다. 네 ______ 아니요 ______

④ 한국인들은 죽기 전에 수의를 미리 준비해 두면 오래 살 수 있다고 믿는다.
네 ______ 아니요 ______

메모

써 봅시다

다음은 한 디자이너의 자전적 에세이입니다. 다음을 보고 글을 완성하세요.

자신의 이름을 건 옷 가게를 개업함

↓

국내 매출 1위, 그러나 이에 만족하지 않고 프랑스 파리로 진출함

↓

파리에서 첫 패션쇼 실패, 큰 호응을 얻지 못해 좌절함

↓

친구의 말에서 '한국적인 것이 세계적인 것'이라는 아이디어를 얻음

↓

'한글'을 주제로 한 패션쇼를 열어 세계 언론의 주목을 받음

나는 1966년 12월 1일, 전라북도 전주시에서 아버지 김종훈과 어머니 정일남의 2남 1녀 중 맏이로 태어났다. 집안 형편이 넉넉하지 않아 고등학교도 겨우 마쳤지만 연극배우가 되겠다는 꿈을 안고 서울에 올라왔다.

하지만 연극을 하면서 생활이 어려워진데다가 아버지까지 돌아가셔서 가족의 생계도 내가 책임져야 했다. 옷 수선집이라도 차려야겠다는 생각으로 옷 만드는 기술을 가르쳐 주는 학원에 다니기 시작했다. 그런데 의외로 옷 만드는 일이 재미있었다. 밥 먹고 잠자는 시간만 제외하고는 디자인을 구상하며 옷감을 자르고 바느질을 했다. 그로부터 5년 만에 내 이름을 건 옷 가게를 차렸다.

나의 도전은 아직 끝나지 않았다. '1%의 가능성만 있어도 도전하라.' 남들이 시도하지 않는 것을 향해 끊임없이 도전하는 것이 나의 좌우명이다. 패션의 중심 파리에서 손꼽히는 디자이너가 되는 것이 현재 나의 새로운 꿈이다.

말해 봅시다

다음은 한국의 장례 문화에 대한 발표의 한 부분입니다. 읽고 물음에 답하세요.

(전략)

한국인이 죽기 전에 준비하는 것, 조문 예절, 장례식장 분위기에 이어 이번에는 장묘 문화에 대해 살펴보겠습니다. 한국 장묘 문화는 이제까지 땅을 파고 시신을 묻는 매장이 주를 이루었습니다. 그런데 여기서 ⓐ__________ 최근 들어 한국의 장묘 문화가 매장에서 화장이나 수목장으로 바뀌고 있는 추세라는 것입니다.

묘지를 매입하자니 비싸고 사후 관리도 어려워서 매장 대신 화장이나 수목장을 많이 선택하고 있는 것이지요. 화장은 죽은 사람의 시체를 불에 태워서 처리하는 장례법인데 뼈를 추려 항아리나 상자에 넣어서 땅에 묻기도 하고, 납골당에 모시기도 합니다. 수목장은 '사람은 자연에서 태어나서 자연으로 돌아간다'는 섭리에 따라 사람이 죽은 뒤 화장하여 나무 밑이나 주위에 묻어 나무와 같이 살도록 하는 것입니다. 수목장은 화장한 유골을 강이나 산에 뿌리는 것을 막고 비석 같은 것을 설치할 필요 없이 나무에 작은 표시만을 남긴다는 점에서 자연 친화적이라고 할 수 있습니다. 이런 장묘 방식의 변화는 죽어서 자연으로 돌아간다는 의식을 더욱 강하게 드러내는 것이라 할 수 있습니다.

(후략)

(1) 발표에서 다루고 있지 <u>않은</u> 것은 무엇입니까?

① 한국의 장묘 방식

② 한국의 조문 예절

③ 한국의 장례 기간

(2) 한국의 장례 문화에 대한 설명으로 알맞지 <u>않은</u> 것은 무엇입니까?

① 한국의 장묘 문화는 이제까지 매장 위주였다.

② 수목장은 자연을 훼손하지 않는다는 점에서 자연 친화적이다.

③ 화장은 죽은 사람의 시체를 불에 태워서 나무에 묻는 장례법이다.

(3) 밑줄 친 ⓐ에 들어갈 수 <u>없는</u> 표현은 무엇입니까?

① 가장 주목할 점은　② 역시 미흡한 점은　③ 특히 알아 두어야 할 점은

제 8 과 환경과 에너지

어휘

1. 알맞은 것을 골라 대화를 완성하세요.

감축	고갈	실효
침수	회의	가속화

(1) A: 폭우로 남부 지역에서 시민들이 큰 불편을 겪고 있다면서요?

B: 많은 지역에서 주택 ______________ 피해가 속출했대요. 집들뿐만 아니라 주차해 놓은 차도 상당수 물에 잠겼다고 하고요.

(2) A: 앞으로 30년 후에는 노인 인구가 지금에 비해 훨씬 많아진대요.

B: 그렇대요. 고령화 현상의 ______________(으)로 인해 노인 복지를 위한 예산 역시 더욱 늘어날 전망이래요.

(3) A: 현재 회사의 사정이 좋지 않은데 어떻게 하면 좋을지 의견을 내 주십시오.

B: 인력 ______________ 을/를 통해 인건비를 줄여 보면 어떨까요?

(4) A: 장애인들의 고용을 촉진하기 위해 새로 마련된 법안은 잘 시행되고 있나요?

B: 아니요. 많은 사업주들이 외면해서 취지와는 다르게 큰 ______________ 을/를 거두지 못하고 있대요.

(5) A: 하루 종일 고객과 상담하다 보면 스트레스가 이만저만이 아니겠어요.

B: 네. 고객들의 불만 전화를 계속 받다 보면 직업에 대한 ______________ 이/가 느껴지기도 해요.

(6) A: 많은 국가들이 외교를 통해 자원을 확보하려고 노력하는 이유가 뭔가요?

B: 인구 증가와 산업화로 인한 자원 ____________ 이/가 예상됨에 따라 국가 간 협력이 필요하기 때문입니다.

2. 알맞은 것을 골라 대화를 완성하세요.

임하다	강행하다	기인하다	고립되다	발각되다	자리매김하다

(1) A: 다음 달부터 전기 요금이 오른다는데 사실이에요?

B: 네. 여론의 반대도 있지만 전기 절약을 유도하기 위해서 전기 요금 인상을 ____________ 결정했대요.

(2) A: 제주도를 찾은 관광객들이 태풍으로 ____________ 돌아올 수 없다고 하더라고요.

B: 네. 비행기는 물론이고 뱃길마저 끊겨서 많은 관광객들이 애를 태우고 있대요.

(3) A: 올해는 교통사고율이 예년에 비해 대폭 감소했는데 그 원인이 무엇입니까?

B: 지속적인 안전 운전에 대한 홍보 활동으로 운전자들의 의식이 높아진 데에서 ____________ 것으로 보입니다.

(4) A: 박채연 씨가 국제 영화제에서 여우 주연상을 수상했대요.

B: 그래요? 이번 수상을 계기로 박채연 씨는 세계적인 배우로 ____________ 있겠는데요.

(5) A: 범행을 부인하던 용의자가 드디어 자백을 했다면서요?

B: 네. 자신의 모습이 찍힌 CCTV 자료가 공개되면서 모든 사실이 ____________ 범행을 실토할 수밖에 없었대요.

(6) (인터뷰에서)

A: 이번 경기에 ____________ 각오를 말씀해 주세요.

B: 귀국한 지 얼마되지 않아서 아직 완벽한 컨디션은 아니지만 최선을 다하겠습니다.

3. 알맞은 것을 골라 대화를 완성하세요.

발을 빼다	**꼬리표를 떼다**	**마침표를 찍다**
유종의 미를 거두다	**대단원의 막을 내리다**	

(1) A: 이번에 개봉한 영화에서 최윤서 씨가 처음으로 단독 주연을 맡았다지요?

B: 네. 데뷔한 지 15년 만에 첫 주연을 맡아 '만년 조연 배우'라는 ______________________ ______________.

(2) A: 가수를 뽑는 오디션 프로그램이 벌써 끝났어요? 정말 재미있었는데…….

B: 맞아요. 시작할 당시에는 시청률이 그리 높지 않았는데 후반부로 갈수록 흥미진진해지더니 결선에서는 최고의 시청률로 ______________________________.

(3) (인터뷰에서)

A: 국가대표로서는 이번이 마지막 출전이라고 들었는데 아쉽지는 않으신지요?

B: 물론 아쉬운 면도 있지만 이번 경기에서 ______________________________ 최선을 다하겠습니다.

(4) A: 강산기업이 외식 사업을 접기로 결정했다면서요?

B: 네. 계속되는 적자로 경영에 부담을 느낀 나머지 결국 ______________________ ________ 했대요.

(5) A: 선배, 졸업을 진심으로 축하드려요. 시원섭섭하시지요?

B: 응. 이제 학교생활에 ______________________________ 사회에 나가려니 설레기도 하고 긴장이 되기도 하고 그러네.

4. 알맞은 것을 골라 대화를 완성하세요.

과유불급	**구사일생**	**불가항력**
설상가상	**속수무책**	**자업자득**

(1) A: 산악 지대에 추락한 헬리콥터 조종사가 가까스로 구조됐다는 뉴스 봤어요?

B: 네. 며칠 동안의 수색 작업 끝에 기적적으로 발견됐다는데 ________________(으)로 목숨을 건져서 정말 다행이네요.

(2) A: 건강 기능 식품도 과도하게 섭취하면 오히려 몸에 해로울 수 있대요.

B: 맞아요. ________________(이)라는 말이 있듯이 지나친 것은 부족한 것보다 못한 법이지요.

(3) A: 자연재해로 인한 피해가 매년 늘어나고 있는 걸 보니 정말 걱정이 되네요.

B: 자연재해가 ________________적인 일이기는 해도 노력에 따라서 피해를 최소화할 수는 있을 것 같은데요.

(4) A: 산불이 계속해서 번지고 있다는데 왜 진화 작업이 이렇게 더디지요?

B: 바람이 세차게 불어 접근조차 어렵다고 하네요. 그저 ________________(으)로 발만 동동 구르고 있대요.

(5) A: 왜 이렇게 기운이 없어요?

B: 내일이 시험인데 지금까지 공부도 못한 데다가 ________________(으)로 책까지 잃어버려서 정말 난감해요.

(6) A: 이번 한국어능력시험에서 마이클 씨가 불합격했다던데 정말 안타까워요.

B: 그건 스스로가 자초한 일이니 ________________(이)라고 봐요. 마이클 씨는 한 학기 동안 결석도 많이 하고 숙제도 거의 하지 않았잖아요.

준비합시다

01 -는 통에

1. 알맞은 것을 골라 대화를 완성하세요.

떠들다 벌이다 조르다 몰려들다 서두르다 들락날락하다

(1) A: 어제 백화점에 가서 뭘 샀어요?

B: 말도 마세요. 백화점이 문을 열자마자 사람들이 한꺼번에 ________________ 물건을 제대로 보지도 못했어요.

(2) A: 수진 씨, 눈이 충혈된 걸 보니 잠을 잘 못 잤나 봐요.

B: 네. 옆집에서 파티를 하는지 밤새 ________________ 도저히 잠을 잘 수가 없었어요.

(3) A: 음악회는 잘 다녀왔어요? 어땠어요?

B: 연주는 훌륭했는데 앞 사람이 ________________ 집중을 할 수가 없었어요.

(4) A: 비슷한 장난감이 집에 있던데 왜 또 이걸 샀어요?

B: 아이가 계속해서 장난감을 사 달라고 ________________ 어쩔 수가 없었어요.

(5) A: 휴대 전화를 왜 집에다 두고 나왔어요? 잘 챙겼어야지요.

B: 남편이 늦잠을 자서 출근을 정신없이 ________________ 나까지 허겁지겁 집을 나섰거든요.

(6) A: 왜 이렇게 길이 막히지요? 이 시간에 이럴 리가 없는데 말이에요.

B: 자동차 공장 근로자들이 임금 인상을 요구하며 시위를 ________________ 차량 운행이 원활하지 않은 것 같아요.

02 -겠거니 하고

1. 알맞은 것을 골라 대화를 완성하세요.

알다	있다	괜찮다	나서다	내리다	참석하다

(1) A: 환경을 보호해야 한다고 아무리 홍보해도 누구 하나 실천에 옮기려는 사람이 없네요.

B: 내가 굳이 하지 않아도 누군가가 ________________ 관심을 가지지 않는 사람이 많아서 그런 것 같아요.

(2) A: 회의 자료는 몇 부 정도 복사했어요?

B: 20명 정도 ________________ 20부 복사했는데 괜찮지 않을까요?

(3) A: 환전을 미리 해 두었어요?

B: 아니요. 환율이 ________________ 미뤄 두고 있었는데 이렇게 오르는 걸 보니 후회가 되네요.

(4) A: 동아리 모임이 있는 날인데 장소이 씨는 왜 안 와요? 연락은 해 봤어요?

B: 아니요. 어제 선생님이 미리 공지하셨기 때문에 장소이 씨도 ________________ 연락하지 않았어요.

(5) A: 여행은 잘 다녀오셨어요? 패키지여행의 일정이나 숙소가 괜찮던가요?

B: 아니요. 실망만 하고 돌아왔어요. 저는 유명한 여행사라서 ________________ 마음을 놓고 있었는데 좀 더 꼼꼼히 따져 볼 걸 그랬어요.

(6) A: 회비는 3만 원이에요.

B: 어떻게 하지요? 저는 지갑에 돈이 ________________ 은행에 들르지 않았는데 현금이 하나도 없네요. 얼른 가서 돈 좀 찾아올게요.

2. 알맞은 것을 찾아 연결하고 문장을 완성하세요.

A	B
보기 교통카드에 잔액이 있다.	교통카드를 충전하지 않았는데 출근할 때 보니 잔액이 부족했다
(1) 가벼운 감기라서 조금 참으면 낫다	① 대수롭지 않게 생각했는데 내 개인 정보가 유출되었다
(2) 개인 정보 유출 사건이 나와는 관계가 없다	② 알람을 맞추지 않고 잤는데 친구도 늦잠을 자는 바람에 둘 다 지각했다
(3) 만화 영화라서 유치하다	③ 약을 사 먹지 않았는데 다음 날 더 심해져서 병원에 갔다
(4) 남편이 퇴근하면 출출하다	④ 별 기대를 하지 않았는데 의외로 감동적이었다
(5) 함께 사는 친구가 깨워 주다	⑤ 저녁 식사를 푸짐하게 준비했는데 남편이 회식을 하고 들어왔다
(6) 평일이라서 식당에 손님이 적다	⑥ 식당을 예약하지 않고 갔는데 손님이 많아 1시간이나 기다렸다

보기 교통카드에 잔액이 있겠거니 하고 교통카드를 충전하지 않았는데 출근할 때 보니 잔액이 부족했다.

(1) ______________________.

(2) ______________________.

(3) ______________________.

(4) ______________________.

(5) ______________________.

(6) ______________________.

03 -(으)ㄹ 바에(야)

1. 알맞은 것을 골라 대화를 완성하세요.

살다　　팔다　　들이다　　기다리다　　늘어놓다　　수리하다

(1) A: 휴대 전화를 수리하는 데 15만 원이나 든다는데 고쳐서 써야 할까요?

B: 수리비가 그렇게 비싸요? 그 돈을 주고 ______________ 새로 사는 게 낫겠네요.

(2) A: 남자 친구와 싸운 후로 1주일째 전화 한 통 없네요. 어떻게 하지요?

B: 무작정 남자 친구의 전화를 ______________ 먼저 전화를 해 보는 게 어때요?

(3) A: 쓰지도 않는 물건을 방 안에 ______________ 갖다 버리는 게 어때?

B: 안 그래도 정리를 좀 하려고 했는데 시간이 좀처럼 안 나네.

(4) A: 옆집에서는 초등학생인 아들을 캐나다로 유학을 보내기로 했다고 하네요.

B: 사교육에 많은 비용을 ______________ 차라리 유학을 보내는 게 낫다고 판단한 거겠지요.

(5) A: 농민들이 그간 힘들게 키워 온 배추 수확을 왜 포기하는 걸까요?

B: 값이 너무 떨어져서 헐값으로 ______________ 아예 수확을 포기해서 인건비라도 줄이려고 그러는 거지요.

(6) A: 며칠 전에 선을 본 사람이 마음에 안 드니? 나이가 좀 많기는 하지만 다른 조건은 다 괜찮지 않니?

B: 싫다고 말씀드렸잖아요. 엄마. 그 남자와 결혼해서 ______________ 차라리 혼자 살겠어요.

읽어 봅시다

다음을 읽고 물음에 답하세요.

녹색 소비, 실천이 답이다

우리 생활이 소비를 통해 풍족해지고 편리해질수록 지구는 몸살을 앓고 있다. 사람은 살아가면서 기본적으로 의식주와 관련된 많은 제품을 소비하게 되는데 제품을 만들어 내기 위해서는 필연적으로 에너지와 자원이 사용하게 된다. 또 대기와 수질, 토양 등 자연환경도 크게 훼손되고 있다. 환경을 고려하지 않은 행태가 지속된다면 다음 세대의 인류는 건강한 삶을 보장받을 수 없는 ⓐ지경에 이르게 될 것이다. 당장은 나에게 이득이 되지 않거나 때로는 조금은 불편하더라도 지구 환경과 미래를 생각하는 녹색 소비 생활을 실천해야 할 때다. 녹색 소비란 환경에 부담을 적게 주는 환경친화적인 소비를 말한다. 문제는 석유와 석탄 같은 화석 연료에 의존하면서 자원이 점차 고갈되고 있다는 것이다.

그렇다면 녹색 소비를 위해서 우리가 실천할 수 있는 방법은 무엇일까? 먼저, 물건을 살 때 녹색 제품을 우선적으로 구입해야 한다. 어떤 제품이 녹색 제품인지 아직 잘 모르는 소비자가 많지만 제품 포장을 잘 살펴보면 환경마크나 탄소성적표지가 붙어 있는 녹색 제품들이 적지 않다. 이런 제품들은 친환경 소재를 사용했다든지 온실가스 배출을 최소화하는 등 환경을 고려한 제품이라는 의미를 담고 있다. 둘째, 일단 구입한 제품은 아껴 쓰고 오래 사용함으로써 에너지와 자원을 절약하도록 노력해야 한다. 쓰지 않는 가전제품은 전원을 뽑고 자동차는 급발진이나 급제동을 피하면서 경제속도를 지키는 습관이 중요하다. 일상생활의 소모품도 일회용품 대신 재활용 제품을 사용하는 것도 녹색 소비를 실천하는 방법이다. 셋째, 사용한 제품을 폐기할 때도 재활용할 수 있는 방법은 없는지 다시 한번 생각해 보고 쓰레기 발생량을 최대한으로 줄이도록 노력해야 한다. 일단 배출된 폐기물은 수거하고 처리하는 데 비용이 발생할 뿐 아니라 많든 적든 환경 오염을 초래하기 때문이다. 따라서 쓰레기는 재활용을 용이하게 하고 처리 비용이 절감될 수 있도록 종류별로 분리 배출을 생활화하는 것이 중요하다.

이제는 소비 생활을 하는 데 있어서도 환경을 고려해야 하는 시대이다. 합리적이면서도 환경까지 생각하는 똑똑한 소비자의 소비 습관으로 환경을 바꿀 수 있다. 또한 소비자들이 녹색 소비를 할수록 기업이 친환경 제품의 생산을 유도할 수 있을 것이다. 녹색 소비는 생각보다 어려운 일이 아니다. '내가 먼저 행동하자'는 마음가짐으로 모든 것이 변하게 된다는 신념을 가지고 지금부터 바로 실천해 보는 것은 어떨까? 환경을 지키는 주역은 바로 녹색 소비를 실천하는 개개인이라는 점을 다시 한 번 상기해야 할 것이다.

(1) 글쓴이의 의도로 적절한 것은 무엇입니까?

① 녹색 소비를 위해서는 각종 제도의 개선 노력이 필요하다.

② 지구 환경을 위해서 개인의 소비 생활에도 변화가 필요하다.

③ 기업의 녹색 제품 생산은 녹색 소비를 이끌 수 있는 원동력이다.

(2) 이 글의 내용과 맞는 것에 ✓표 하세요.

① 자동차를 급하게 출발시키는 것이 자동차 연료 절감에 효과적이다. 네 ______ 아니요 ______

② 녹색 제품은 생산 과정에서 온실가스를 배출하지 않는 제품을 말한다.

네 ______ 아니요 ______

③ 탄소성적표지가 붙어 있는 제품을 사용하면 환경을 더 많이 훼손하게 된다.

네 ______ 아니요 ______

(3) 밑줄친 ⓐ와 같은 의미로 사용될 수 <u>**없는**</u> 것은 무엇입니까?

① 정도에 미치게 될 것이다

② 형편에 처하게 될 것이다

③ 상황에 당면하게 될 것이다

(4) 이 글을 읽은 후의 실천으로 알맞지 <u>**않은**</u> 것은 무엇입니까?

① 왕카이: 제품을 구입할 때는 녹색 제품인지 꼼꼼히 살펴봐야겠다.

② 마이클: 구입한 제품은 오래 사용하여 에너지와 자원을 절약해야 해.

③ 나타샤: 제품을 폐기할 때는 폐기 전문 업체에 맡기는 것이 현명한 방법이야.

써 봅시다

다음을 보고 환경 보호를 위한 연설문을 완성하세요.

주장	· 갯벌 매립을 중단해야 한다. · 갯벌에서 생물을 마구잡이로 잡지 말아야 한다.
근거	· 갯벌 개발로 인해 오염 물질이 증가하고 주변 환경이 훼손된다. · 갯벌 생물이 줄어들어서 갯벌 생태계가 파괴된다.

여러분, 안녕하십니까? 저는 '우리 환경 지키기' 모임의 회장을 맡고 있는 이치로라고 합니다. 오늘날 인간의 무분별한 개발로 인해 수많은 갯벌이 몸살을 앓고 있기에 그 심각성에 대해 말씀드리고 여러분에게 갯벌을 지키기 위한 환경 운동에 동참해 달라는 부탁을 드리기 위해 이 자리에 나왔습니다.

그동안 갯벌은 쓸모없던 땅으로 인식되어 왔습니다. 그러나 지구상에 존재하는 생물의 20%가량이 갯벌에 살고 있습니다. 갯벌은 이처럼 다양한 생물이 살아가는 곳이며 바다로 흘러드는 오염 물질을 정화시키기 때문에 매우 중요한 자원으로 평가되고 있습니다.

____

____

____

갯벌을 이용하는 우리의 태도에도 문제가 있습니다. 최근 수많은 학생들과 관광객들이 갯벌 체험, 자연 관찰의 명목으로 갯벌 생물들을 잡아 갯벌의 생태 환경을 훼손하고 있습니다. 또한 갯벌을 생활의 터전으로 살아가는 어민들에게는 더욱 큰 피해를 주고 있다는 것을 잊지 말아야 할 것입니다.

우리의 무관심과 개발로 인해 병들어 가는 갯벌을 그냥 보고만 있을 수는 없습니다. 한 번 훼손된 갯벌을 원상회복하는 데에는 오랜 시간이 걸릴 뿐만 아니라 엄청난 자금을 투입한다고 해도 회복은 사실상 불가능에 가깝습니다. 우리 조상들에게서 물려받은 아름다운 갯벌을 후손들에게 그대로 물려주어야 하는 것이 우리의 의무임을 잊지 마십시오. 마지막까지 저의 연설을 경청해 주셔서 감사합니다.

말해 봅시다

다음은 댐 건설의 필요성에 대한 토론의 한 부분입니다. 읽고 물음에 답하세요.

A: 저는 댐 건설에 대해 부정적인 입장입니다. 먼저 댐이 건설되면 수몰 지역이 생길 뿐더러 자연 생태계가 파괴됩니다. 그러니까 수몰 지역 주민들에게 지급될 보상금은 물론이고 훼손된 자연을 복구하는 데에는 막대한 비용이 들 겁니다. 또한 댐을 건설할 경우 그 공사비가 상당합니다. 결국 이것은 국민들이 내야 할 세금이 되겠지요. 댐을 건설하게 되면 세금 부담이 더욱 커지는 것은 당연한 이치입니다.

B: 댐 건설을 위한 비용이 막대하다는 건 알고 있지만 홍수 피해를 복구하는 데 드는 비용은 ⓐ________________. 매년 홍수로 인한 인명과 재산 피해로 인해 많은 국가 예산이 쓰이고 있는 점을 생각하면 장기적으로는 댐을 건설하는 것이 경제적인 이득이 크다고 봅니다. 댐을 활용해서 전력을 얻을 수 있을 뿐만 아니라 댐을 관광 자원으로 활용할 수도 있기 때문입니다.

(1) A의 생각으로 알맞은 것은 무엇입니까?

① 댐이 건설되면 국민이 부담해야 하는 세금이 늘어날 것이다.

② 수몰 지역의 주민들에게 보다 많은 보상이 이루어져야 한다.

③ 부실 공사로 인해 추가적으로도 많은 보수 비용이 발생할 수 있다.

(2) B가 주장하는 내용의 근거는 무엇입니까?

① 댐 건설에 드는 비용과 건설의 필요성과는 별개의 문제이다.

② 전력을 얻고 관광 자원으로 활용하기 위해 댐 건설이 필요하다.

③ 댐 건설로 인명 또는 재산 피해를 줄이는 것도 경제적인 이득이다.

(3) 밑줄 친 ⓐ에 들어갈 수 **없는** 표현은 무엇입니까?

① 왜 고려하지 않는 겁니까

② 국민의 세금이라고 생각하시는 겁니까

③ 감안하지도 않고 말씀하시는 것 아닙니까

제 9 과 주거와 생활

어휘

1. 알맞은 것을 골라 대화를 완성하세요.

경계	밀도	밀착	연재	잇속	총력

(1) A: 전세금 때문에 은행에 대출을 받으러 갔는데 금리가 너무 올라서 망설이다가 그냥 나왔어요. 어떻게 하지요?

B: 그래요? 은행이 서민은 생각하지 않고 자기 ______________만 챙기려는 듯해서 보기 안 좋네요.

(2) (인터뷰에서)

A: 신문에 15년 동안 해 오던 시사만화 ______________을/를 마치셨는데요. 한 말씀 부탁드립니다.

B: 제 만화를 아껴 주셨던 독자 여러분께 감사의 말씀을 전하고 싶습니다.

(3) A: 이번에 새로 선보인 연극의 특징은 무엇입니까?

B: 기존의 연극과는 달리 배우와 관객의 ______________을/를 없애 관객도 연극에 일부 직접 참여하는 형식이라는 점입니다.

(4) A: 명절을 앞두고 물가가 너무 오를까 봐 걱정이네요.

B: 뉴스를 보니까 정부가 물가 안정에 ______________을/를 기울이겠다고 하니 괜찮지 않을까요?

(5) A: 뼈가 약한 노인들에게 좋은 음식으로는 어떤 것이 있나요?

B: 생선이나 우유, 콩, 두부처럼 칼슘이 많은 음식이 좋아요. 이런 음식물은 뼈의 ______________을/를 높여 뼈를 튼튼하게 만들거든요.

(6) A: 가수 김재상 씨를 24시간 따라다니며 ________________ 취재하셨다고요?

B: 네. 첫 해외 공연을 앞두고 연습에 매진하고 있는 김재상 씨의 모습을 낱낱이 카메라에 담았습니다.

2. 알맞은 것을 골라 대화를 완성하세요.

다듬다	가공하다	긴밀하다	미약하다	솔깃하다	수용하다

(1) A: 학생들이 기숙사를 신청해도 방이 부족해서 방을 배정받기 어렵다고 하네요.

B: 그래서 앞으로 더 많은 학생을 ________________ 위해 기숙사 건물을 증축하기로 결정했대요.

(2) A: 미선 씨, 정원이 정말 말끔하게 정리되어 있네요. 아버지께서 정말 부지런하신가 봐요.

B: 네. 아버지께서는 시간이 나실 때마다 정원에 나가 직접 나무를 보기 좋게 ________________.

(3) A: 침체에 빠진 세계 경제가 앞으로 어떻게 변할 것으로 예상하십니까?

B: 빠른 시간 내에 크게 좋아지지는 않더라도 ________________ 조금씩 나아질 것으로 전망됩니다.

(4) A: 학생들의 실무 능력을 키우기 위해 새로운 제도가 도입됐다면서요?

B: 네. 대학과 기업의 ________________ 협조를 통해 졸업을 앞둔 학생들이 현장에서 경험을 쌓을 수 있도록 하기 위한 제도예요.

(5) A: 최신형 스마트폰이 무료라고 광고하던데 그게 정말인가요?

B: 글쎄요. 광고만 보면 ________________ 실제로 계약을 해 보면 광고 내용과 다를 때가 많아요.

(6) A: 신문을 보면 '반제품'이라는 용어가 종종 나오던데 그게 무슨 뜻인가요?

B: 외국에서 원재료를 수입해서 국내에서 ________________ 새로운 물건으로 만들어 내는 걸 말해요.

3. 알맞은 것을 골라 대화를 완성하세요.

눈을 붙이다	새우잠을 자다	잠이 달아나다
졸음이 쏟아지다	뜬눈으로 밤을 지새우다	

(1) A: 오랫동안 운전을 하다 보니 집중력이 떨어지네요. 운전 좀 대신 해 줄래요?

B: 그래요. 내가 운전할 테니까 뒷좌석에서 잠깐이라도 ______________________.

(2) A: 어제 월드컵 준결승전 때 많은 축구팬들이 새벽까지 응원을 했다면서요?

B: 저도 응원을 하면서 ______________________ 정말 흥미진진한 경기였어요.

(3) A: 많이 피곤해 보이는데 잠을 푹 못 잤어요?

B: 새벽에 모기가 어찌나 많던지 참다못해 일어나서 한두 마리 잡다 보니까 ______________________ 아침까지 한숨도 못 잤어요.

(4) A: 점심 식사를 마치고 돌아와 책상에 앉으니까 저도 모르게 ______________________.

B: 그러면 잠깐 나가서 바람이라도 쐬고 들어오세요.

(5) A: 이거 수학여행 가서 찍은 사진이에요? 이렇게 많은 학생들이 한 방에서 잤어요?

B: 네. 그때 어찌나 방이 좁던지 몸을 제대로 펴지도 못하고 ______________________.

메모

4. 알맞은 것을 골라 대화를 완성하세요.

가가호호	동고동락	배산임수
사면초가	사방팔방	사상누각

(1) A: 많은 복지 정책이 쏟아져 나오고 있는데 예산은 어떻게 마련하겠다는 건지…….

B: 예산을 어떻게 확보할지 구체적으로 제시하지 못한다면 __________(이)나 다름없다고 봐요.

(2) A: 얼마 전 경주 양동 마을을 방문한 적이 있는데 한옥이 주변 환경과 어울려 마치 하나의 작품을 보는 듯했어요.

B: 네. 그곳은 앞에는 물이 흐르고 뒤에는 산이 둘러싸고 있는 __________의 전형적인 모습을 갖춘 마을이에요.

(3) A: 그동안 만 점이 넘는 골동품을 모으시느라 고생도 많이 하셨을 것 같은데요.

B: 네. 이름난 골동품을 찾기 위해서 수십 년 동안 __________ 안 가 본 곳이 없습니다.

(4) A: 최근 홀로 사는 노인들이 말벗이 없어 우울증에 빠지는 경우가 많대요.

B: 그래서 자원봉사자들이 그런 가정을 __________ 방문해서 안부를 묻는가 하면 말벗이 되어 드리는 활동을 하고 있어요.

(5) A: 정부가 추진하고 있는 댐 공사가 계획대로 될 수 있을까요?

B: 뉴스를 보니까 반대 여론도 있거니와 전문가들도 경제적 효과에 의문을 가지면서 __________에 놓이게 됐대요.

(6) A: 기분이 좋지 않을 때는 이렇게 밖에 나와서 바람을 쐬니 기분 전환이 좀 되지?

B: 그래. 고마워. 역시 우리는 오랫동안 __________해 온 사이라서 그런지 내가 굳이 말하지 않아도 서로 통하는 게 있네.

준비합시다

01 -기(에) 망정이지

1. 알맞은 것을 골라 대화를 완성하세요.

들다　있다　말하다　옮기다　가져가다　도와주다

(1) A: 피서지에서 아이가 많이 아팠다고 들었는데 어떻게 했어요?

B: 다행히 비상약을 충분히 ____________ 안 그랬더라면 정말 난감했을 거예요.

(2) A: 한국에서 여행했을 때 가장 기억에 남는 게 뭐예요?

B: 1급 때 친구들과 같이 경주를 갔는데 한국어를 잘 못해서 고생했던 기억이 나요. 주변에서 사람들이 친절하게 ____________ 하마터면 길을 잃어버렸을 거예요.

(3) A: 어제 너희 동네도 정전됐어?

B: 말도 마. 숙제를 하고 있는데 갑자기 정전이 되는 거야. 그래도 양초가 ____________ 그것마저 없었더라면 정말 무서웠을 거야.

(4) A: 회의 시간에 늦지 않았어?

B: 응. 네가 ____________ 안 그랬더라면 정말 큰일 날 뻔했어. 깜빡하고 있었거든.

(5) A: 컴퓨터 하드 디스크가 고장 났다면서요? 저장해 둔 파일은 괜찮아요?

B: 전에 USB에 ____________ 그렇게 하지 않았더라면 정말 난감했을 겁니다.

(6) A: 입원비와 치료비가 만만치 않을 것 같은데 보험을 들어 두었어요?

B: 네. 미리 보험을 ____________ 그렇지 않았더라면 정말 병원비를 감당하기 힘들었을 거예요.

02 -(으)려고 들다

1. 알맞은 것을 골라 대화를 완성하세요.

하다	놀다	찾다	배우다	헐뜯다	해결하다

(1) A: 저는 모르는 단어가 나올 때마다 사전을 찾는 버릇을 들여서인지 사전 없이는 글을 읽기가 너무 힘들어요.

B: 모르는 단어가 나올 때 무작정 사전을 ______________ 문장 속에서 그 단어의 의미를 추측해 보는 연습을 하는 게 도움이 돼요.

(2) A: 미선 씨에게 친구가 별로 없는 것 같아요.

B: 맞아요. 미선 씨는 기회만 있으면 남을 ______________ 미선 씨와는 친한 사람이 없어요.

(3) A: 최근 집주인과 세입자 사이의 분쟁이 늘고 있다는 기사가 났어요.

B: 그런 문제일수록 대화로 풀어야지요. 분쟁을 법으로만 ______________ 바람직한 방법은 아닐 거예요.

(4) A: 우리 아이는 학교에서 돌아오면 공부는 하지 않고 ______________ 걱정이에요.

B: 억지로 공부를 시키는 건 좋지 않은 것 같아요. 아이와 함께 규칙을 정해서 지키도록 지도해 보세요.

(5) A: 제이슨 씨한테 이번 워크숍 발표를 맡겨도 될까요?

B: 그럼요. 그 사람은 제대로 ______________ 일을 똑 부러지게 하는 사람이니까 믿고 맡겨 보세요.

(6) A: 저는 바이올린을 한 번도 배워 본 적이 없는데 잘할 수 있을까요?

B: 걱정하지 마세요. 무엇이든 열심히 ______________ 금방 실력이 늘 거예요.

03 -(으)ㄴ/는 마당에

1. 알맞은 것을 골라 대화를 완성하세요.

바쁘다　　치솟다　　힘들다　　쓰러지다　　접어들다　　지속되다

(1) A: 한국도 곧 고령화 사회로 접어든다면서요?

B: 네, 그렇다고 하네요. 그런데 고령화 사회로 ____________ 복지 예산은 크게 늘어나지 않아서 문제래요.

(2) A: 교통 체증이 날이 갈수록 심해지고 있는 것 같아요.

B: 네. 기름 값도 하루가 다르게 ____________ 대중교통을 이용하지 않는 걸 보면 이해할 수 없네요.

(3) A: 한국어를 배우다 보니 일본어나 중국어도 공부해 보고 싶어졌어.

B: 시간이 없어 한국어 배우기도 ____________ 또 다른 공부를 병행할 수 있겠어?

(4) A: 일자리가 줄어들면서 청년 실업 문제가 심각하대요.

B: 경기 침체가 오랫동안 ____________ 투자를 늘리는 건 생각보다 쉽지 않을 거예요.

(5) A: 율리아 씨는 6급 수료식에 참석할 수 없겠지요?

B: 물론이에요. 어머니께서 ____________ 수료식에 참석할 정신이 없겠지요.

(6) A: 빚이 있으면 빨리 원금을 갚아 나가야지 그렇지 않으면 돈을 모으기 힘들 텐데요.

B: 이자를 내기도 ____________ 원금을 갚는 건 너무 벅차네요.

2. 알맞은 것을 찾아 연결하고 문장을 완성하세요.

A		B
보기 집값이 계속해서 떨어지고 있다	• ──── •	대출까지 받아서 집을 사다
(1) 자신의 일도 잘 처리하지 못하다	• •	① 혼자 뒤처지다
(2) 남편의 월급이 적다	• •	② 성형 수술 사실을 계속 부인하다
(3) 모두가 자기 계발을 위해 노력하다	• •	③ 다른 사람의 일까지 돕다
(4) 인터넷의 발달로 과거 모습이 낱낱이 공개되다	• •	④ 사치를 부리다
(5) 부모님이 유학비를 대기 위해 고생하시다	• •	⑤ 공부를 게을리하다
(6) 무더운 여름이 다 끝나가다	• •	⑥ 에어컨을 새로 구입하다

보기 집값이 계속해서 떨어지고 있는 마당에 대출까지 받아서 집을 살 수 없다.

(1) ______________________________.

(2) ______________________________.

(3) ______________________________.

(4) ______________________________.

(5) ______________________________.

(6) ______________________________.

읽어 봅시다

다음을 읽고 물음에 답하세요.

아파트에 한옥을 담다

한옥이 화려한 변신을 하고 있다. 차가운 느낌의 콘크리트 아파트가 따뜻한 정감이 느껴지는 한옥을 만나 새로운 주거 문화가 탄생되고 있는 것이다. 이 현상에 대해 전문가들은 최근 전통 한옥에 대한 재평가가 이뤄져서 아파트보다 정서적 안정감이 뛰어난 한옥을 선호하는 층이 늘어난 데에서 그 원인을 찾는다.

한옥 아파트의 특징을 살펴보면 우선 전통 한옥 마을 느낌을 전달하기 위해 건물 외부를 한옥과 유사한 모양으로 설계했다. 실내 발코니를 앞마당으로 사용할 수 있도록 하고 건물의 옥상은 기와로 덮었다. 따라서 전체적으로 보면 기와집들이 옆으로 즐비하게 붙어 있는 전통 한옥 마을의 모습을 연출한다. 아파트 각 동의 입구도 한옥 대문의 디자인을 모방했다. 한옥 아파트인 만큼 옥외 시설물로 전통적인 모양의 담장 등을 설치하고 단지에는 한옥 마을에서 볼 수 있는 골목길과 공터를 조성해 놓았다. 또한 길에는 전통 문양을 새겨 한옥 마을의 푸근한 느낌을 받을 수 있도록 했다.

하지만 한옥 아파트의 매력은 외부보다는 내부에서 찾을 수 있다. 일반 아파트와 달리 내부에 나무, 황토와 같은 자연 친화적 자재를 사용한 것은 물론이고 거실과 발코니 공간에 마당을 설치했다. 또 사랑방과 대청마루를 별도로 마련하고 문과 창문 등에 전통 문양을 넣고 한지를 발랐다. 이에 대해 한 전문가는 '우아하고 넉넉하며 환경 친화적인 한옥의 장점을 살리면서 동시에 생활의 편리함이 강점인 아파트의 이점도 갖추도록 하는 것이 한옥 아파트 설계의 목적'이라며 '한옥과 아파트의 발전적인 결합이라는 측면에서 주거 문화의 진화라고도 볼 수 있다.'고 설명한다.

이제 한옥 아파트는 천편일률적인 공동 주택 문화에 혁신을 불러올 수 있는 방안으로 손꼽힌다. 그러나 아직 풀어야 할 과제는 여전히 남아 있다. 일반 아파트를 건설할 때보다 건축 비용이 많이 발생하는 점과 건축 기간이 상대적으로 길다는 점이 그것이다. 그렇지만 더 체계적이고 장기적인 안목을 가지고 풀어 나간다면 한옥은 과거 조상들에게는 생소했던 아파트와 결합해 새로운 주거 공간으로 재탄생할 수 있을 것이다.

(1) 이 글의 주제로 알맞은 것은 무엇입니까??

① 새로운 주거 유형으로서의 한옥 아파트

② 한옥 아파트를 선호하는 젊은 층의 가치관

③ 거주자의 취향에 맞추기 위한 한옥 아파트의 과제

(2) 이 글의 서술 방식으로 맞는 것은 무엇입니까?

① 한옥 아파트의 실내·외 특징에 대해 설명하고 있다.

② 한옥 아파트와 일반 아파트를 비교해서 설명하고 있다.

③ 한옥 아파트를 개발해야 하는 필요성에 대해 주장하고 있다.

(3) 최근 한옥이 각광을 받고 있는 이유가 **아닌** 것은 무엇입니까?

① 한옥을 찾는 외국인들이 증가하면서

② 전통 한옥에 대한 재평가가 이뤄지면서

③ 일반 아파트보다 정서적 안정감이 뛰어나서

(4) 한옥 아파트의 특징으로 알맞은 것은 무엇입니까?

① 일반 아파트와 비교해서 건축 비용이 상대적으로 저렴하다.

② 편의를 위해 단지 내 시설을 최첨단 시설과 조화를 이루도록 했다.

③ 내부를 친환경 자재를 사용하여 꾸미고 발코니 공간에 마당을 설치했다.

메모

써 봅시다

다음을 보고 미래 주택 유형을 소개하기 위한 설명문을 완성하세요.

유형	조립식 주택
개념	벽, 기둥, 지붕 등을 공장에서 미리 주문 제작
장점	· 건축 기간을 단축할 수 있으며 건축비가 저렴함 · 이사를 할 때 원하는 곳으로 이동이 가능함 · 필요에 따라 실내 공간을 다양하게 재구성해 사용이 가능함

주거 유형이 다양해지면서 향후 주거 트렌드의 변화에 대한 관심도 증가했다. 전문가들에 따르면 앞으로의 주택은 건물의 규모를 최소화하고 공간의 활용을 높이는 것이 추세라고 한다. 실제로 1~2인 가구의 증가와 고령화 등의 인구 구조 및 소득 구조의 변화로 인해 주택 수요자들의 요구가 달라진 것이 사실이다.

그동안 한국의 대표적인 주거 유형으로 자리 잡았던 아파트 대신 단독 주택을 선호하는 수요자들이 늘면서 다양한 유형의 신개념 주택들이 등장하고 있다. 그렇다면 신개념 주택으로는 어떤 것이 있을까? 조립식 주택이 그중 한 예가 될 수 있을 것이다. 조립식 주택이란 벽, 기둥, 지붕 등을 공장에서 미리 주문하여 제작하는 방식으로 지어진 소형 단독 주택으로 그 장점은 실로 다양하다.

____

____

____

____

____

이제는 획일적인 아파트에서 벗어나고 싶어 하는 사람들이 늘고 있다. 또한 과도한 비용을 들여 주택을 구입하고자 하는 사람은 더더욱 찾아보기 힘들다. 이러한 주택 수요의 변화에 따라 정부도 정책적인 측면에서 다양한 지원을 해야 할 뿐만 아니라 건설사 역시 건축적인 면에서 획일화된 주택 유형을 보다 다양화하려는 노력을 해야 할 것이다.

말해 봅시다

다음은 한국 전통 가옥의 구조에 대한 발표의 한 부분입니다. 읽고 물음에 답하세요.

가옥은 기후에 따라 그 형태와 구조가 달라집니다. 한국 기후의 특징을 보면 여름에는 해안 지역이 내륙 지역보다 시원하고 겨울에는 산간 지역과 북부 지역이 더 춥습니다. 따라서 무더운 여름 날씨를 견디기 위한 대청은 남쪽 지역의 한옥에 많이 나타납니다.

구체적으로 가옥의 구조를 살펴보면 먼저 북부 지역의 경우 외부의 냉기를 막고 내부의 열을 유지하기에 가장 효율적인 ㅁ자형으로 다소 폐쇄적인 형태입니다. 실내는 앞뒤로 나란히 방이 두 줄로 배열되어 있으며 대청이 없는 것이 큰 특징입니다. 남부 지역은 一자형이며 방, 대청, 부엌이 옆으로 나란히 붙어 있습니다. 그리고 넓은 대청이 있고 문과 창문이 많은 것이 특징입니다. 여름의 무더위에 대비하여 통풍이 잘되는 개방적인 형태의 집을 지었던 것입니다. 중부 지역은 절충된 형태로 추위를 막는 북부 지역의 특징과 더위를 이기는 남부 지역의 특징을 고루 갖추고 있습니다. 중부 지역의 구조는 ㄱ자형이며 남부 지역의 한옥에 비해서 대청이 안방과 건넌방 사이에 좁게 있고 창문이 적은 것이 특징입니다.

이번 발표는 기후에 따라 서로 다른 평면 구조를 가진 한국 전통 가옥을 살펴볼 수 있었다는 점에서 의의가 있다고 생각합니다. 건축 재료에 따른 특징에 대해서는 ⓐ＿＿＿＿＿＿＿＿＿＿.

(1) 다음은 어느 지역 한옥에 해당하는 특징입니까? 북부 지역이면 '북', 남부 지역이면 '남', 중부 지역이면 '중'을 쓰세요.

① 넓은 마루가 있고 문과 창문이 많은 것이 특징이다. ＿＿＿＿＿

② 마루가 있지만 안방과 건넌방 사이에 좁게 있고 창문이 적은 편이다. ＿＿＿＿＿

③ 방을 두 줄로 나란히 배열하여 외부의 냉기를 차단하는 폐쇄적인 구조이다. ＿＿＿＿＿

(2) ⓐ에 들어갈 수 **없는** 것은 무엇입니까?

① 추후 보완하여 발표할 예정입니다

② 구체적으로 언급되었다고 생각합니다

③ 제시되지 못한 한계를 지니고 있습니다

제 10 과 창작과 예술

어휘

1. 알맞은 것을 골라 대화를 완성하세요.

반성	여운	대여료
깨달음	허영심	현실성

(1) A: 이 만화책과 소설책의 ________________ 은/는 각각 얼마예요?

B: 만화책은 한 권에 500원이고, 소설책은 1,000원이에요.

(2) A: 영미 씨가 차를 또 바꾼다고 하더라. 디자인이 구형이어서 차를 몰고 나가면 좀 창피하대.

B: 영미 씨가 지금 몰고 다니는 차는 2년도 안 됐잖아. 디자인이 구형이어서 바꾼다니…….
영미 씨가 그 정도로 ________________ 이/가 있는 사람인 줄은 몰랐는데.

(3) A: 민수 씨, 다음 달에 개봉하는 영화 시사회에 다녀왔다면서요? 어땠어요?

B: 네. 정말 감동적이었어요. 지금도 눈을 감으면 영화 장면이 눈앞에 생생하게 떠오를 정도로 ________________ 이/가 오래도록 남는 영화였어요.

(4) A: 감독님, 이번 작품의 기획 의도를 듣고 싶습니다.

B: 관객으로 하여금 인생의 의미에 대한 ________________ 을/를 주는 것이 이번 작품의 기획 의도입니다.

(5) A: 이화미술관에서 열리는 그림 전시회에 가 봤어요? 손을 쓰지 못하는 화가들이 입으로 그린 그림을 보고 그 열정에 놀랐어요.

B: 저도 어제 다녀왔어요. 그 화가들의 작품을 보면서 지금까지 게으르게 살아온 저 자신에 대해 많은 ________________ 을/를 했어요.

(6) A: 요즘 인기를 끌고 있는 판타지 소설은 ________________ 이/가 많이 떨어지는 것 같아요.

B: 그렇기는 하지만 현실에서는 불가능한 이야기를 다루고 있기 때문에 오히려 독자의 상상력을 자극할 수 있지 않겠어요?

2. 알맞은 것을 골라 대화를 완성하세요.

등단하다	뛰어넘다	부질없다
절판되다	진술하다	한몫하다

(1) A: 출판된 지 10년 정도 지난 책인데 구할 수 있을까요?

B: ________________ 않았다면 구할 수 있을 거예요. 근처 서점에 가서 한번 확인해 보세요.

(2) A: 이번에 문학상을 받은 작가는 ________________ 1년밖에 안 된 신인 작가라면서요?

B: 네. 신인 작가가 이렇게 빨리 문학상을 받게 된 일은 전무후무한 일이라고 하더라고요.

(3) A: 이번에 연예인 박상준 씨가 건강상의 문제로 드라마에서 하차한다면서요?

B: 네. 박상준 씨의 뛰어난 연기력이 드라마 시청률을 이끄는 데 ________________ 도중에 하차하다니 정말 안타까운 일이에요.

(4) A: 며칠 전에 일어난 절도 사건의 용의자가 경찰에 잡혔다고 들었는데 어떻게 됐어요?

B: 용의자가 사건에 대해 ________________ 않고 있어서 수사에 어려움이 많은 것 같았어요.

(5) A: 요즘 들어 부쩍 소설을 영화화한 작품들이 많이 제작되는 것 같아요. 그런데 이런 영화들은 원작보다 작품성이 떨어지지 않겠어요?

B: 글쎄요. 원작을 ________________ 정도로 작품성 있는 영화도 많이 제작되고 있으니까 작품성이 떨어진다고 할 수는 없을 것 같은데요.

(6) A: 이번 시험에서 우수한 성적으로 합격했다면서? 그렇게 마음 졸이면서 걱정하더니 정말 잘됐어.

B: 고마워. 사실 매일매일 걱정을 했었는데 생각해 보니 ________________ 걱정이었던 것 같아. 그 시간에 차라리 공부라도 하는 게 더 현명했던 건데 말이야.

3. 알맞은 것을 골라 대화를 완성하세요.

가슴이 미어지다	감명을 받다	심금을 울리다
전율을 느끼다	코끝이 찡하다	

(1) A: 가수 김미진 씨의 공연에 다녀왔다면서요? 공연은 어땠어요?

B: 정말 감동적이었어요. 특히 김미진 씨의 ________________ 맑고 깨끗한 목소리가 정말 인상적이었어요.

(2) A: 우리 동네 빵집 점원이 손이 불편해서 빵을 먹기 힘들어 하는 장애인에게 빵을 먹여 주었다는 이야기 들었지요?

B: 네, 저도 들었어요. 특히 빵집 점원이 자기가 할 수 있는 일이었기 때문에 그렇게 했다는 이야기를 들었을 때 저도 모르게 ________________.

(3) (방송국 인터뷰에서)

A: 교통안전 캠페인을 벌이게 된 이유가 있으십니까?

B: 저는 교통사고로 가족들을 모두 잃었습니다. 처음에는 ________________ 슬픔 때문에 견디기 힘들었지만 이런 일이 다시는 없기를 바라면서 캠페인을 벌이게 되었습니다.

(4) A: 암 선고를 받은 의과 대학 교수가 자신이 암으로 사망하게 되면 자신의 시신을 연구용으로 기증하겠다고 하는 기사 봤어?

B: 나도 봤어. 그 기사를 읽고 깊은 ________________. 의학 발전을 위해 자신의 몸까지 기증하다니 정말 대단하신 분인 것 같아.

(5) A: 그동안 공포 영화를 많이 봤지만 오늘 본 영화가 제일 무서웠던 것 같아요.

B: 저도 그랬어요. 마지막 장면에서 주인공이 강렬한 눈빛으로 관객을 쳐다볼 때 정말 공포와 ________________.

4. 알맞은 것을 골라 대화를 완성하세요.

감개무량	대서특필	시시각각	유언비어	일맥상통	일석이조

(1) A: (시상식에서)
이번에 최고 연극상을 받으셨는데 소감 한 말씀 해 주시지요.

B: 연극 생활 30년 만에 이렇게 귀한 상을 받게 되다니 정말 ______________ 할 따름입니다. 앞으로 더 열심히 하라는 의미로 생각하겠습니다.

(2) A: 인터넷 쇼핑몰에서 여러 사람이 같이 구매하면 할인을 많이 해 준대요. 같이 구매하지 않을래요?

B: 진짜요? 발품 팔지 않아서 좋고 추가 할인까지 해 준다니 이거야말로 정말 ______________ 인데요.

(3) A: 요즘 신문에서 ______________ 하고 있는 뉴스는 뭐예요? 신문을 통 못 봐서 어떤 일이 일어나고 있는지 잘 모르겠어요.

B: 환경 문제가 가장 심각한 모양이던데요. 신문마다 매일 1면에 환경 관련 기사가 나고 있어요.

(4) A: 회계부에서 근무하는 혜란 씨가 이번 국회의원 선거에 출마한다는 소식 들었어요?

B: 아, 그거 ______________ 예요. 혜란 씨가 농담처럼 그런 말을 했는데 그게 와전된 것 같아요.

(5) A: 이번에 복권에 당첨된 김정미 씨가 당첨금 전액을 가난한 이들을 위한 학교 설립에 기증하겠다고 했다면서요?

B: 네. 어제 뉴스에서 밝힌 김정미 씨 말에 따르면 학교를 짓는 것은 가난한 사람들을 돕는 것과 ______________ 한다고 했어요. 학교야말로 가난한 사람들이 또 다른 가능성을 찾을 수 있는 기회라고 하면서요.

(6) A: 내일 제주도로 가는 비행기가 뜰 수 있겠지요?

B: 글쎄요. 날씨가 ______________ 변하니까 기상 예보를 잘 봐야 할 것 같아요.

준비합시다

01 -건 -건

1. 알맞은 것을 골라 문장을 완성하세요.

아이 / 어른	많다 / 적다	쇼핑하다 / 저금하다
책을 읽다 / 공부를 하다	달리기를 하다 / 줄넘기를 하다	취직을 하다 / 유학을 가다

(1) A: 이번 방학에는 어디 놀러가지 않고 집에서 책만 읽을까 해요.

B: ________________ 다 좋지만 그래도 가끔 밖에 나가서 사람들과 어울리는 것도 필요하지 않을까요?

(2) A: 이 뷔페 식당의 이용 요금은 어른과 아이가 다르지요?

B: 아니요. 대부분의 뷔페 식당과 달리 이 뷔페 식당은 ________________ 가격이 동일해요.

(3) A: 하루 3시간씩 꾸준히 운동을 하면 건강해질 수 있겠지요?

B: 운동을 하면 건강해질 수 있지만 ________________ 간에 자신의 체력을 고려해서 운동을 하는 게 중요합니다.

(4) A: 졸업 후에 회사에 들어가서 일을 할지 외국으로 나가서 공부할지 고민이 돼요.

B: ________________ 진로에 대해 진지하게 고민을 먼저 하고 나서 결정을 해도 늦지 않을 것 같네요.

(5) A: 내일 열리는 콘서트 티켓이 많이 안 팔렸대요. 관객이 적어서 콘서트가 열리지 않으면 어떻게 하지요?

B: 걱정하지 마세요. 제가 듣기로는 관객이 ________________ 간에 콘서트는 열린다고 했어요.

(6) A: 영미 씨는 돈을 물 쓰듯이 쓰는 것 같아요. 매일 백화점에 가서 물건을 많이 사 오는 걸 보면 정말 문제가 많은 것 같아요.

B: 글쎄요. 그게 그렇게 문제가 될까요? 영미 씨가 ________________ 간에 자기 할 일은 잘 하잖아요.

2. 알맞은 것을 골라 대화를 완성하세요.

계획하다	보내다	계약하다
발표하다	연주하다	이용하다

(1) A: 한국 사람들은 대부분 초고속 인터넷 서비스에 가입해서 인터넷을 빠르게 이용하던데 외국인도 집에서 초고속 인터넷 서비스를 이용할 수 있나요?

B: 물론이죠. 누가 ________________ 간에 초고속 인터넷 서비스에 가입하기만 하면 초고속 인터넷을 이용할 수 있어요.

(2) A: 유명한 피아니스트가 연주한다면 밤 10시 이후에 아파트에서 피아노를 연주해도 괜찮겠지요?

B: 글쎄요. 보통 한국의 공동 주택에서는 밤 9시 이후에 피아노를 치지 못하게 하는 곳이 많아요. 누가 ________________ 늦은 밤에 연주하면 소음 공해가 될 수도 있으니까요.

(3) A: 외국으로 소포를 보낼 때 다른 지역에서 보내는 것보다 서울에서 보낼 때 소포가 더 빨리 도착한다고 들었는데 정말 그런가요?

B: 꼭 그렇지는 않아요. 산간 오지만 아니면 어디에서 ________________ 도착하는 날짜는 거의 비슷해요.

(4) A: 전세를 계약할 때 3년 이상 장기 계약하면 전세금을 싸게 해 준다면서요?

B: 모든 전셋집이 그런 건 아니에요. 몇 년을 ________________ 싸게 해 주는 건 집주인 마음에 달려 있어요.

(5) A: 선생님, 내일부터 방학이잖아요. 이번 방학은 정말 기대가 돼요. 여행도 가고 싶고 오랫동안 못 만난 친구들도 만나고 싶어요. 생각만 해도 가슴이 뛰어요.

B: 즐겁고 멋진 방학을 보내도록 하세요. 그런데 방학 동안에 무엇을 ________________ 자유지만 다음 학기 준비도 해 둬야 하는 거 잊지는 마세요.

(6) A: 다음 주에 미국에서 열리는 국제 발표회에서 발표를 하기로 했는데 영어에 자신이 없어요. 반드시 영어로 발표해야 하나요?

B: 그렇지는 않아요. 발표회장에서 통역을 진행하기 때문에 어떤 언어로 ________________ 다 괜찮아요.

02 -ㄴ/는다손 치더라도

1. 알맞은 것을 찾아 연결하고 문장을 완성하세요.

A		B
보기 갑자기 소나기가 내리다	• —— •	예정된 콘서트를 취소하기는 어려우므로 계획대로 진행하기로 했다
(1) 귀가 닳도록 이야기하다	• •	① 습관을 고치기는 쉽지 않다
(2) 잘못을 백번 사과하다	• •	② 세상 모든 일을 알기는 어렵다
(3) 아무리 경험이 많다	• •	③ 용서해 줄 마음이 전혀 없다
(4) 매일 운동을 하다	• •	④ 작심삼일이면 의미가 없다
(5) 일찍 일어나기로 마음먹었다	• •	⑤ 잘못된 방법으로 하게 되면 오히려 건강을 해칠 수 있다

보기 갑자기 소나기가 내린다손 치더라도 예정된 콘서트를 취소하기는 어려우므로 계획대로 진행하기로 했다.

(1) ______________________________.

(2) ______________________________.

(3) ______________________________.

(4) ______________________________.

(5) ______________________________.

03 -(으)ㄴ/는/(으)ㄹ 바

1. 알맞은 것을 골라 대화를 완성하세요.

듣다	알다	밝히다	쓰이다	결정되다	상관하다

(1) A: 어제 일어난 사건에 대해 알고 있는 것이 있으면 전부 말씀해 주시지요.

B: 제가 왔을 때는 이미 사건이 모두 끝난 후였습니다. 그래서 그 사건에 대해서는 전혀 ________________가 없습니다.

(2) A: 김명수 씨가 이번 미술 대회에서 상을 받았다면서요? 몇 등에 입상한 건가요?

B: 정확히는 잘 모르겠지만 어제 친구들에게서 ________________에 의하면 1등은 아니라고 하던데요.

(3) A: 이번 영화에 일반인을 주연으로 출연시킬 거라는 소문이 돌던데 사실이에요?

B: 헛소문이에요. 어제 방송 인터뷰에 감독이 나왔는데 아무것도 ________________가 없다고 했어요.

(4) A: 민수야, 너 학교를 그만둔다고 들었는데 사실이야? 졸업이 반 년밖에 안 남았는데 학교를 그만둔다니 말도 안 돼. 한번 더 생각해 봐.

B: 네가 ________________가 아니야. 졸업장을 받기 위해 학교에 다니고 싶지는 않아. 나에게도 계획이 있어.

(5) A: 드라마에서 나오는 지나친 간접 광고 때문에 짜증이 날 때가 있어요.

B: 정부가 ________________에 의하면 지나친 간접 광고를 제한하는 법안을 만들 거라고 하던데요. 조금만 기다려 보세요.

(6) A: 감기약을 먹지 않고 감기를 낫게 할 수 있는 건 없을까요?

B: 약초를 사용하는 방법이 있어요. 예전부터 감기에 효과가 있는 약초가 두루두루 ________________ 있어요.

읽어 봅시다

다음을 읽고 물음에 답하세요.

소설 『아홉 살 인생』

(전략)

점심시간이 되자 나는 재빨리 토끼장으로 달려가 우림이를 기다렸다. 나는 우림이가 반드시 나타나리라 확신하고 있었다. 왜냐하면 그 아이는 오랫동안 결석을 함으로써 나를 충분히 괴롭혔다고 믿고, 또 내가 얼마나 고통을 받았는지 확인하고 싶어할 것이라 생각했기 때문이었다. 나의 예측이 맞아떨어졌는지 어쩐지는 모르겠지만, 어쨌든 얼마 기다리지 않아 우림이가 나타났다. 나는 내가 전혀 고통을 받지 않았다는 걸 보여주리라 마음을 굳게 다졌다.

그런데 우림이의 태도가 뜻밖에도 부드럽고 여렸다. 그 아이는 수줍은 듯 ⓐ__________ 다가오더니 먼저 말을 건넸다.

"나 그동안 무척 아팠어. 병원에 가서 수술까지 받았어. 맹장염이래."

그래? 하고 무정하게 말하려 했지만, 차마 그렇게 할 수가 없었다.

"난 정말 죽는 줄 알았어. 넌 한 번도 그런 수술 받아 본 적 없지? 의사 선생님이 내 배를 한 뼘도 더 되게 칼로 잘랐어. 여기 자국도 있어. 아마 이 자국은 평생 없어지지 않을 거야."

우림이는 그 자국 때문에 몹시 슬프다는 듯이 포오 한숨을 내쉬었다.

"아아, 그동안 토끼들이 많이 자랐구나. 병원에 누워 있는 동안은 정말 쓸쓸했어. 내 가 죽어 버려도 눈물을 흘릴 친구 한 명 없다고 생각하니 무척 슬프더구나. 만일 내가 죽으면 너는 도리어 박수를 칠 테지?"

우림이는 토끼들을 바라보며 쓸쓸하게 웃었다. 그 쓸쓸한 웃음은 모처럼 모질게 다져 먹은 나의 마음을 낱낱이 풀어 헤쳐 버렸다. "만일 내가 죽으면"이란 가정 또한 얼마나 슬프게 들렸던가!

(중략)

"그동안 …… 얼마나 걱정했는지 몰라. ……네가 죽었을까 봐 말야."

"나도 죽는 줄 알았어."

"이젠 안 아파?"

"응. 괜찮아. 배에 남은 수술 자국만 빼 놓고는 ……."

"수술 자국이 아파?"

"아프지 않지만……."

우림이는 수줍게 웃었다.

"보기에 무척 흉측해. 하지만 만일 네가 내 수술 자국을 정말루 보고 싶어한다면, 난 보여줄 수도 있어. 왜냐하면 나는 너한테 내 흉한 모습을 속이고 싶지 않기 때문이야. 그게 너무 흉측해서 갑자기 내가 싫어진다 해두, 그건 어쩔 수 없는 일이지……"

우림이는 ⓑ____________ 고개를 저으며 절망스럽게 한숨을 쉬었다.

나는 이 아이가 어째서 절망하는지 이해할 수가 없었다.

"수술 자국 따위가 무슨 상관이야?"

"무슨 상관이냐구? 그건 내가 부끄러워하는 상처이기 때문에 상관이 있는 거야. 맹장은 누구나 가지고 있어. 나만 빼놓고……. 나는 수술 자국을 볼 때마다 그걸 몹시 부끄러워하게 될 테지."

"하지만 맹장 따위가 뭐가 그리 중요한 거야?"

"물론 맹장 따위는 아무짝에도 쓸모없어. 하지만 중요한 건, 다른 사람들은 누구나 가지고 있는 걸 내가 못 가졌다는 사실이야. 난 그걸 참을 수 없어. 이해할 수 있겠니?"

물론 이해할 수 없었다. 아홉 살은 사람들의 부질없는 허영심까지 이해할 수 있는 나이가 아니므로. 그러나 허영심을 이해할 수 있는 나이가 되자, 나는 알게 되었다. 누구나 가지고 있다는 이유만으로, 맹장처럼 아무짝에도 쓸모없는 것조차 기필코 차지하려 드는 멍텅구리들이 세상에 뜻밖에도 많다는 사실을. 우림이는 그렇게 허영심이 많은 아이였다.

(후략)

(1) 이 소설의 시간적 배경과 공간적 배경을 써 보세요.

(2) 이 소설에서 인간이 가진 부질없는 허영심을 상징하는 소재는 무엇입니까?

① 토끼　　② 맹장염　　③ 수술 자국

(3) ⓐ와 ⓑ에 들어갈 표현으로 알맞은 것은 무엇입니까?

	ⓐ	ⓑ
①	머뭇머뭇	도리도리
②	살랑살랑	끄덕끄덕
③	흔들흔들	살금살금

써 봅시다

다음을 보고 원작과 영화를 비교한 비평문을 완성하세요.

원작	• 현실에서 좌절할 수밖에 없는 나약한 사람들을 통해 삶이 얼마나 무거운지를 보여 준다. • 서울 변두리 지역을 배경으로 하고 있다.
영화	• 가난해도 사랑과 우정이 있기에 아이들은 순수성을 잃지 않는다. • 부산을 배경으로 하고 있다

『아홉 살 인생』이 보여 주는 인생:
소설 『아홉 살 인생』과 영화 〈아홉 살 인생〉을 비교하며

소설 『아홉 살 인생』이 출판된 지 꽤 오랜 시간이 지나 〈아홉 살 인생〉이라는 영화로 다시 탄생했다. 소설이 인기를 끌었던 것처럼 영화도 많은 사람들에게 사랑을 받았다. 그렇지만 과연 이 두 작품이 똑같다고 할 수 있을까? 이 두 작품을 주제와 표현 방식의 측면에서 비교하면서 비평해 보고자 한다.

소설과 영화 『아홉 살 인생』에서의 등장인물은 대체로 가난하다. 가난한 달동네 삶을 그려 내고 있다는 점에서 소설과 영화는 같은 상황을 공유하고 있다고 볼 수 있다. 그러나 같은 주제를 다루고 있지만 좀 더 깊이 살펴보면 주제에 대한 접근 방법이 조금 다르다.

____

____

____

____

____

같은 내용이어도 다른 시각에서 작품을 만들 수 있기 때문에 원작을 영화로 만들려는 시도가 계속되고 있다. 원작에서는 잘 드러나지 않는 배경이나 장면의 느낌이 영화에서는 영상을 통해 잘 묘사될 수 있다는 점은 영화가 원작을 뛰어넘을 수 있는 부분이라고 생각된다. 그렇지만 원작이 전달하고자 하는 삶의 무거움이 영화에서는 잘 드러나 있지 않다는 점에서 아쉬움이 남는다.

말해 봅시다

다음은 문화 콘텐츠 성공 조건에 대한 토론의 한 부분입니다. 읽고 물음에 답하세요.

A: 문화 콘텐츠가 성공하기 위해서는 문화적인 색채가 지나치게 강조돼서는 안 된다고 봅니다. 월트 디즈니의 미키마우스의 경우 자기 나라의 문화적인 색채가 거의 보이지 않아요. 자기 나라의 문화적인 부분이 들어 있다손 치더라도 그걸 강조하지 않잖아요. 문화적인 색채의 필요성을 주장하시는데 미키마우스와 같은 경우는 어떻게 설명하실 건가요?

B: ⓐ____________________. 문화적인 색채를 지움으로써 문화 콘텐츠가 세계인들에게 사랑을 받는 경우도 있습니다. 그렇지만 그 나라 역사나 문화적 배경이 들어 있다면 더 깊이 있는 문화 콘텐츠가 만들어질 수 있지 않을까요? 한국 드라마 〈대장금〉이 사랑을 받았던 이유 중의 하나는 드라마 곳곳에 숨어 있는 한국적인 분위기나 배경도 한몫했다고 생각합니다.

(1) A의 의견으로 알맞은 것은 무엇입니까?

① 문화 콘텐츠의 성공을 위해서는 문화적인 색채를 강조해서는 안 된다.

② 문화 콘텐츠는 미키마우스처럼 친숙한 캐릭터가 있어야 성공할 수 있다.

③ 문화적인 색채가 자연스럽게 들어 있을 때 문화 콘텐츠가 성공할 수 있다.

(2) B가 주장하는 내용의 근거는 무엇입니까?

① 한국 드라마 〈대장금〉이 성공했기 때문이다.

② 자기 나라의 역사는 매우 중요하기 때문이다.

③ 가장 한국적인 것이 세계적인 것이기 때문이다.

(3) 밑줄 친 ⓐ에 들어갈 수 **없는** 것은 무엇입니까?

① 좋은 지적입니다

② 말씀 잘 하셨습니다

③ 오늘 말씀 감사드립니다

정답

제1과 개인과 사회

어휘

1. (1) 기여한 (2) 동참하고 싶어서 (3) 기증하려고
   (4) 환원한 (5) 지원해

2. (1) 상승세 (2) 모범 (3) 공약

3. (1) 인공적 (2) 냉소적 (3) 고무적

4. (1) 발을 들여놓아서인지 (2) 첫 단추를 끼우기를 (3) 서막을 올렸는데
   (4) 운을 떼지도 (5) 출발선에 서

5. (1) 만장일치 (2) 이심전심 (3) 십시일반
   (4) 동병상련 (5) 솔선수범 (6) 수수방관

준비합시다

01 –(으)ㄴ/는 감이 있다

1. (1) 성급한 감이 있어요 (2) 뽑는 감이 있네요 (3) 지나친 감이 있어요
   (4) 삶는 감이 있어요 (5) 다루는(다룬) 감이 있어서 (6) 짧은 감이 있지

02 –(으)련마는

1. (1) 구입하련마는 (2) 돌아오련마는 (3) 나련마는
   (4) 물으련마는 (5) 가련마는 (6) 살련마는

2. (1) ④ (2) ⑤ (3) ① (4) ③ (5) ⑥ (6) ②

   (1) 생과일과 생야채를 먹는 것이 건강에 좋으련마는 편하다는 이유로 가공된 주스를 사 먹게 된다
   (2) 요리를 배워 뒀으면 반찬을 잘 만들련마는 만들 줄 아는 반찬이 전혀 없다
   (3) 일찍부터 시험 준비를 했으면 힘들지 않았으련마는 벼락치기로 공부했더니 녹초가 되었다
   (4) 민지와 연락이 닿으면 함께 놀러 가련마는 민지가 전화를 받지 않아서 집에서 빈둥거리고 있다
   (5) 주머니가 넉넉하면 아르바이트를 하지 않으련마는 용돈을 벌기 위해 수업이 끝나고 일해야 한다
   (6) 고향에 돌아간 친구의 전화번호를 알면 연락해 보련마는 전화번호를 몰라서 연락할 수 없다

03 –(으)ㄴ들

1. (1) 비가 억수같이 쏟아진들 (2) 시간이 흐른들 (3) 체중을 줄인들

(4) 백화점이 들어선들　　(5) 돈을 많이 번들　　(6) 방송에 출연한들

읽어 봅시다

(1) ①　(2) ②　(3) ③　(4) ③

써 봅시다

공부방에 오는 아이들의 부모는 생계를 위한 맞벌이로 집을 비우는 경우가 많으므로 아이들을 돌볼 시간적, 경제적 여유가 없다. 따라서 공부방이 없다면 이 아이들은 제대로 된 보살핌을 받지 못해 방치되거나 위험에 노출되기 십상이다.
또한 공부방은 사설 학원을 대신하여 아이들의 공부를 돕는 역할도 한다. 공부방이 없다면 소외 계층 아이들은 최소한의 교육적 지원조차 받지 못할 것이다. 그런데 경제적인 어려움 때문에 교육적 지원을 받지 못한 이 아이들은 사회적으로 성장하거나 성공할 기회를 상대적으로 덜 갖게 될 수도 있다. 즉 경제적 수준 차이가 교육의 수준 차이로 이어져 가난의 대물림 현상이 생길 위험이 다분한 것이다.

말해 봅시다

(1) ②　(2) ③

제2과 창의적 사고

어휘

1. (1) 현지 (2) 시행착오 (3) 여부
   (4) 인지도 (5) 발상

2. (1) ② (2) ① (3) ③ (4) ③ (5) ③ (6) ③

3. (1) 어제 다르고 오늘 다른 (2) 무에서 유를 창조하는 (3) 자취를 감췄지만
   (4) 천지가 개벽해도 (5) 새 바람을 일으킬 테니까

4. (1) 반신반의 (2) 천고마비 (3) 격세지감
   (4) 각양각색 (5) 유일무이 (6) 변화무쌍

준비합시다

01 (이)나 다름없다

1. (1) 반값 할인이나 다름없네요 (2) 휴식 시간이나 다름없어요 (3) 주식이나 다름없는
   (4) 청혼이나 다름없는 (5) 치료제나 다름없네요 (6) 가족이나 다름없네요

02 -기로서니

1. (1) 많기로서니 (2) 똑똑하기로서니 (3) 받았기로서니
   (4) 먹었기로서니 (5) 싸기로서니 (6) 어겼기로서니

03 -느냐에 달려 있다

1. (1) ① (2) ⑤ (3) ③ (4) ② (5) ⑥ (6) ④
   (1) 마라톤 대화 참가 여부는 얼마나 체력을 잘 단련하느냐에 달려 있다
   (2) 새 정장 구입 여부는 쇼핑할 예산이 얼마나 많으냐에 달려 있다
   (3) 결혼 생활의 행복 여부는 부부가 서로 얼마나 잘 맞춰 가느냐에 달려 있다
   (4) 퇴원 여부는 병세가 얼마나 호전됐느냐에 달려 있다
   (5) 휴가비 지급 여부는 회사의 경제적 상황이 얼마나 좋아졌느냐에 달려 있다
   (6) 진급 여부는 업무 능력이 얼마나 뛰어나냐에 달려 있다

2. (1) 사장님이 어떻게 결정하시느냐에 달려 있겠군요

(2) 어떤 재료로 만드느냐에 달려 있어요
(3) 어떤 가수가 출연하느냐에 달려 있어요
(4) 휴가비가 얼마나 나오느냐에 달려 있어요
(5) 언제 비가 그치느냐에 달려 있어요
(6) 비용을 얼마나 들이느냐에 달려 있어요

읽어 봅시다

(1) ③　(2) ③　(3) ②　(4) ⓒ수직적　ⓓ수평적

써 봅시다

'이 고무관처럼 빨대에도 주름이 있으면 어느 방향으로든지 쉽게 구부릴 수 있지 않을까? 그러면 아들이 몸을 일으키지 않고도 빨대를 구부려 쉽게 음료수를 마실 수 있겠군.'이라고 생각했다.

이렇게 발명된 주름 빨대 덕분에 이 여성의 아들이 누워서도 우유를 마실 수 있게 된 것은 말할 것도 없다. 이뿐만 아니라 주름 빨대는 머리를 전혀 숙이지 않고도 음료수를 마실 수 있게 되었으며 일자형의 빨대에 비해 입 안이 찔릴 위험이 훨씬 적다는 장점까지 있었다.

말해 봅시다

(1) ①　(2) ③

제3과 한국의 맛과 멋

어휘

1. (1) 복원 (2) 맵시 (3) 완주
   (4) 실속 (5) 안배 (6) 운치
2. (1) 감안하면 (2) 즐비한 (3) 난감하네요
3. (1) 백미로 손꼽히는 (2) 삼박자를 고루 갖춘 (3) 탄성이 터져 나왔어요
4. (1) 삼삼오오 (2) 문전성시 (3) 점입가경
   (4) 유유자적 (5) 산해진미 (6) 방방곡곡
5. (1) 가시밭길을 가려고 해요 (2) 눈칫밥을 먹으며/눈칫밥을 먹어서
   (3) 고생문이 훤한데 (4) 피땀을 흘리며
   (5) 산전수전을 다 겪으면서/산전수전을 다 겪어서

준비합시다

01 -(으)ㄴ/는 만큼

1. (1) 다한 만큼 (2) 갖춘 만큼 (3) 참석하시는 만큼
   (4) 애쓴 만큼 (5) 큰 만큼 (6) 뛰어놀 수 있는 만큼
2. (1) ① (2) ③ (3) ② (4) ④ (5) ⑤
   (1) 학생들이 이번 학기 내내 열심히 동아리 발표를 준비해 온 만큼 너무 긴장하지 않는다면 공연을 성공적으로 마칠 수 있을 것이다
   (2) 여름철에는 물놀이 사고가 일어나는 경우가 많은 만큼 안전 수칙을 철저히 지켜야 한다
   (3) 가족 관계에서는 믿음과 신뢰가 가장 중요한 만큼 항상 서로 활발하게 의사소통할 수 있도록 노력해야 한다
   (4) 최영희 씨는 한국인이지만 외국에서 성장한 만큼 때로는 한국의 상황에 맞지 않는 행동을 하기도 한다
   (5) 김민수는 지도력이 뛰어나고 인간성이 좋은 만큼 모든 사람으로부터 존경을 받는다

02 -거니와

1. (1) 왔거니와 (2) 강하거니와 (3) 받았거니와
   (4) 높거니와 (5) 알 수 있거니와 (6) 부담스럽거니와

03 -느니

1. (1) 일하느니　　(2) 유지하느니　　(3) 이어 나가느니
   (4) 빼앗기느니　　(5) 벌리느니

읽어 봅시다

(1) ②　(2) ②　(3) ①　(4) ①　(5) ②

써 봅시다

수업 시간에 수원 '화성'과 다산 정약용에 대해서 배웠다. 정약용은 수원 화성을 축성하는 데 크게 기여한 역사적인 인물이다. 다양한 방면에서 재능을 뽐냈던 정약용에 대해 궁금증이 생긴 나와 친구들은 전남 강진군으로 답사를 떠났다. 그곳은 정약용이 유배를 떠났을 때 머물렀던 곳이기 때문이다.

25일, 우리는 전남 강진에 저녁이 다 되어서야 도착했다. 일단 숙소에 짐을 풀고 저녁 식사를 했다. 상다리가 부러질 정도로 푸짐하게 차려진 한정식을 먹자 우리는 한껏 흥이 났다. 우리는 다음 날 걷게 될 길과 전남의 맛 좋은 음식 등에 대해 이야기를 나누며 휴식을 취했다.

다음 날 우리는 이른 아침부터 서둘러 숙소를 나섰다. 우리는 유배길 코스 중 다산유물전시관에서부터 다산 초당, 백련사에 이르는 약 3㎞를 걷기로 했다. 다산유물전시관에서 오솔길은 시작되고 있었다. 우선 전시관을 둘러봤다.

말해 봅시다

(1) ②

(2) 다산과 생산의 주술적 의미를 가진 동물로 중요하게 여겨진다.

(3) ①

제4과 학교와 교육

어휘

1. (1) 생활고 (2) 당락 (3) 인근
   (4) 실태 (5) 쟁점 (6) 구심점
2. (1) 가파른 (2) 웬만하면 (3) 부추기는
3. (1) 두각을 나타내는 (2) 시시콜콜 참견해서 (3) 자리에서 물러나셔서
4. (1) 동문서답 (2) 주경야독 (3) 박학다식
   (4) 팔방미인 (5) 일취월장 (6) 학수고대
5. (1) 눈에 불을 켜고 (2) 한 우물을 파면 (3) 심혈을 기울인 / 심혈을 기울였던
   (4) 촉각을 곤두세우고 (5) 정신을 가다듬을 수 있어서

준비합시다

01 -(으)ㄴ/는 가운데

1. (1) 바쁜 가운데(에도) (2) 어려운 가운데(에도) (3) 발령된 가운데
   (4) 맡은 가운데 (5) 지켜보는 가운데 (6) 늘어나는 가운데
2. (1) ⑤ (2) ③ (3) ② (4) ④ (5) ①
   (1) 국민들이 숨죽이고 개표 방송을 지켜보는 가운데 선거 결과가 발표되었다
   (2) 관객들이 약 2시간가량 모두가 웃고 즐기는 가운데 벌써 한국어 말하기 대회를 마칠 시간이 다가왔다
   (3) 교육 정책에 대한 열띤 논의가 진행되고 있는 가운데 한 시민 논객이 손을 들고 회의 참여자에게 질문을 던졌다
   (4) 기업들의 국내외 투자가 느는 가운데 얼어붙었던 경기도 풀리고 있다
   (5) 다가오는 토요일은 날씨가 무더운 가운데 지역에 따라 소나기가 쏟아지는 곳도 있겠다

02 -다 못해

1. (1) 놀라다 못해 (2) 참다못해 (3) 보다 못해
   (4) 기뻐하다 못해 (5) 기다리다 못해 (6) 하다 못해

03 -아/어 치우다

1. (1) ① 팔아 치우는 ② 팔아 치웠어요

(2) ① 해 치웠어요　　② 해 치우고
(3) ① 먹어 치우게 돼요　　② 먹어 치웠어
(4) ① 갈아 치우는　　② 갈아 치우며

읽어 봅시다

(1) ③　(2) ②　(3) ③　(4) ①

써 봅시다

우선 학생들의 체격은 좋아졌지만 기초 체력은 저하된 원인은 학교의 체육 교육이 정상적으로 이루어지지 못하는 데에서 찾아볼 수 있다. 아침 일찍 등교해서 저녁 늦게까지 학교에서 수업을 받고 밤늦게까지 학원을 전전하는 학생들에게 학교 체육 수업은 운동할 수 있는 유일한 기회이다. 그런데 학교에서 체육 수업은 다른 주요 과목에 밀려 비정상적으로 진행되고 있다. 게다가 학생들의 체력 저하 현상이 심각한 가운데 학교들이 예체능 수업의 시수를 자율적으로 줄일 수 있어 논란이 되고 있다. 체력의 향상뿐만 아니라 인성 교육을 위해서 예체능 수업의 시수는 충분히 확보되어야 한다. 또한 높은 교육열과 학벌을 중시하는 사회 풍조 속에서 학생들은 입시에만 매달릴 것을 강요받는 것도 문제이다.

말해 봅시다

(1) ②　(2) ③　(3) ③

제5과 한국의 문자와 언어

어휘

1. (1) 호칭어 (2) 속뜻 (3) 서술어
   (4) 어감 (5) 의성어 (6) 어순
2. (1) 맞대고 (2) 조합해 (3) 모아씁니다
   (4) 익히는 (5) 눈여겨봐 (6) 본떠서
3. (1) 말문이 트였나 봐요 (2) 토를 달잖아 (3) 몇 마디 건네 봤어
   (4) 입에 담지 못할 (5) 화두를 던지셨어
4. (1) 왈가왈부 (2) 언중유골 (3) 횡설수설
   (4) 감언이설 (5) 단도직입 (6) 언행일치

준비합시다

01 -자니

1. (1) 버리자니 (2) 다니자니 (3) 낳자니
   (4) 사귀자니 (5) 살자니 (6) 갖자니

02 -네 -네 하다

1. (1) 사네 못 사네 하더니 (2) 밉네 곱네 해도
   (3) 월급이 쥐꼬리 만하네 집에서 머네 해도
   (4) 헤어지네 마네 하면서 (5) 자극적이네 맵네 해서
   (6) 개구리를 만드네 물고기를 만드네 하면서

03 -되

1. (1) 나가서 놀되 (2) 소식을 알리되 (3) 고기를 먹되
   (4) 컴퓨터를 쓰되 (5) 게임을 하되 (6) 집에 있으되
2. (1) ② (2) ① (3) ④ (4) ③ (5) ⑤
   (1) 서울중학교에서는 학생들에게 옷은 자유롭게 입게 하되 화장이나 머리 염색은 철저히 금지하고 있습니다
   (2) 아이들이 잘못했을 때는 반드시 야단을 치되 감정적으로 화를 내서는 안 됩니다

(3) 이 주차장은 백화점 고객이면 누구나 주차가 가능하되 2시간을 초과하면 안 됩니다
(4) 원할 때 언제든지 휴가를 신청하되 일주일 이상 쓰려면 미리 허락을 받아야 합니다
(5) 회의 중에 의견을 말할 때는 논리적으로 말하되 표정이나 말투는 예의 바르게 하는 것이 좋습니다

읽어 봅시다

(1) 한국어의 특징　(2) ②　(3) ③　(4) ②　(5) ① 네　② 아니요　③ 네

써 봅시다

한국어의 어순이 '주어–목적어–서술어'로 나타나는 것도 한국어의 두드러진 특징이라고 할 수 있다. 이는 영어나 중국어의 문장이 '주어–서술어–목적어'의 어순으로 나타나는 것과 대조된다. '나는 당신을 사랑합니다.'를 영어로 하면 'I love you'이다. 한국어와 영어 모두 주어인 '나는'과 'I'가 먼저 오는 것은 같지만 한국어의 경우, '당신을'이라는 목적어가 '사랑합니다'라는 동사보다 먼저 오는 반면에 영어는 'love'라는 동사가 먼저 오고 'you'라는 목적어가 온다.

말해 봅시다

(1) ②　(2) ②

제6과 경영 전략

어휘

1. (1) 성과급 (2) 우량 (3) 소수
   (4) 불모지 (5) 개정 (6) 원산지

2. (1) 용이합니다 (2) 탁월한 (3) 실직한
   (4) 회수한 후(에) (5) 추첨해서 (6) 창출하는

3. (1) 접전을 벌인 (2) 승패를 가르다니 (3) 어깨를 견주어도
   (4) 순위를 다투고 있어요 (5) 무릎을 꿇어서는

4. (1) 천정부지 (2) 일확천금 (3) 견물생심
   (4) 다다익선 (5) 소탐대실 (6) 금상첨화

준비합시다

01 –기는 고사하고

1. (1) 구경하기는 고사하고 (2) 내리기는 고사하고 (3) 만나기는 고사하고
   (4) 낫기는 고사하고 (5) 기증하기는 고사하고 (6) 받기는 고사하고

02 –(으)ㄹ라치면

1. (1) 할라치면 (2) 갈라치면 (3) 붙일라치면
   (4) 관찰할라치면 (5) 운동할라치면 (6) 돌릴라치면

2. (1) ① (2) ⑥ (3) ② (4) ③ (5) ⑤ (6) ④

   (1) 친구들과 노래방에 갈라치면 누군가가 감기에 걸려 노래방에 가지 못한다
   (2) 큰맘 먹고 백화점에 가서 쇼핑할라치면 백화점 정기 휴일이다
   (3) 중요한 연락을 할라치면 휴대 전화 배터리가 방전된다
   (4) 외국 여행을 할라치면 환율이 오른다
   (5) 잠자리에 들라치면 전화벨이 울린다
   (6) 밤새 작성한 서류를 프린터로 출력할라치면 프린터가 작동하지 않는다

03 –ㄴ/는다는

1. (1) 이기겠다는 (2) 떨어진다는 (3) 좁다는

(4) 부지런하다는　　(5) 성공한다는　　(6) 뛰어나다는

읽어 봅시다

(1) ③　(2) ③　(3) ①　(4) 성공한 경영자들　(5) ①아니요　②아니요　③네

써 봅시다

그 첫 번째는 사이트에서 음성을 제공하는 것입니다. 음성 제공이 이루어진다면 시각장애인들이 좀 더 적극적으로 사이트를 이용할 수 있을 것입니다. 음성 제공이 있더라도 너무 많은 정보가 있으면 다소 불편할 수 있으므로 시각장애인을 위한 맞춤형 검색 페이지를 추가할 수 있었으면 합니다. 아울러 시각장애인들은 자신의 의견을 게시판에 쓸 때 어려움을 겪을 때가 많습니다. 시각장애인들이 편하게 자신의 의견을 쓸 수 있는 게시판을 만들어 주셨으면 합니다.

말해 봅시다

(1) ③　(2) ②　(3) ①

제7과 한국인의 일생

어휘

1. (1) 금줄 (2) 삼칠일 (3) 매장
   (4) 조문객 (5) 묵념 (6) 수석

2. (1) 거리끼지 (2) 으스대던지 (3) 냉랭해
   (4) 기리는 (5) 낙방했어요 (6) 여의어서

3. (1) 숨이 멎을 (2) 목숨을 끊는 (3) 눈에 흙이 들어가기
   (4) 최후를 맞아서 (5) 한 줌의 재가 되어

4. (1) 고진감래 (2) 파란만장 (3) 백년해로
   (4) 자수성가 (5) 전화위복 (6) 대기만성

준비합시다

01 –(으)ㄴ/는 양

1. (1) 모르는 양 (2) 좋아하는 양 (3) 나간 양
   (4) 없는 양 (5) 좋은 양 (6) 되는 양

02 –는 둥 마는 둥 하다

1. (1) 먹는 둥 마는 둥 했더니 (2) 치우는 둥 마는 둥 하고 (3) 듣는 둥 마는 둥 하니까
   (4) 감는 둥 마는 둥 하고 (5) 하는 둥 마는 둥 하고 (6) 자는 둥 마는 둥 했더니

2. (1) 먹는 둥 마는 둥 했다.
   (2) 청소를 하는 둥 마는 둥 했다고
   (3) (내 말을) 듣는 둥 마는 둥 하는 것 같았다
   (4) 씻는 둥 마는 둥 하고 나왔다
   (5) 인사도 하는 둥 마는 둥 하고 밖으로 나왔다.

03 –(으)ㄹ지언정

1. (1) ② (2) ① (3) ③ (4) ⑤ (5) ④

   (1) 주머니 사정이 넉넉하지 않을지언정 꼭 배낭여행을 갈 것이다.
   (2) 짝사랑하는 여자에게 차일지언정 용기를 내어 고백할 것이다.

(3) 과장님께 꾸중을 들을지언정 회의 준비를 못했다고 솔직히 말할 것이다.
(4) 연극을 계속하면 큰돈을 벌 수 없을지언정 연극을 포기하지는 않을 것이다.
(5) 몸이 아프고 힘들지언정 수업에 빠지지 않고 성실하게 공부할 것이다.

읽어 봅시다

(1) ② (2) ③ (3) ① 아니요 ② 네 ③ 네 ④ 네

써 봅시다

그리고 다시 5년 만에 여성 옷 시장 매출의 20%를 차지하여 국내에서 인정받기 시작했다. 그러나 나는 이에 만족하지 않고 해외로 눈길을 돌려 프랑스 파리의 패션쇼에 참여하게 됐다. 그러나 전 세계 패션 디자이너들이 몰려드는 파리 무대에서 인정받기란 쉽지 않았다. '무리한 도전인가?', '내 능력이 이것밖에 안 되나?' 하는 좌절감도 들었다. 하지만 가장 한국적인 것이 가장 세계적인 것이라고 생각하고 2012년 한글을 주제로 한 패션쇼를 열어 세계 언론의 주목을 받았다. 이를 계기로 용기를 얻게 되었다. 나는 이 패션쇼를 통해 한국적인 것이 가장 세계적인 것이라는 사실을 깨닫게 됐다.

말해 봅시다

(1) ③ (2) ③ (3) ②

제8과 환경과 에너지

어휘

1. (1) 침수 (2) 가속화 (3) 감축
   (4) 실효 (5) 회의 (6) 고갈
2. (1) 강행하기로 (2) 고립되어 (3) 기인한
   (4) 자리매김할 수 (5) 발각되어 (6) 임하는
3. (1) 꼬리표를 뗐어요 (2) 대단원의 막을 내렸어요 (3) 유종의 미를 거둘 수 있도록
   (4) 발을 빼기로 (5) 마침표를 찍고
4. (1) 구사일생 (2) 과유불급 (3) 불가항력
   (4) 속수무책 (5) 설상가상 (6) 자업자득

준비합시다

01 -는 통에

1. (1) 몰려드는 통에 (2) 떠드는 통에 (3) 들락날락하는 통에
   (4) 조르는 통에 (5) 서두르는 통에 (6) 벌이는 통에

02 -겠거니 하고

1. (1) 나서겠거니 하고 (2) 참석하겠거니 하고 (3) 내리겠거니 하고
   (4) 알겠거니 하고 (5) 괜찮겠거니 하고 (6) 있겠거니 하고
2. (1) ③ (2) ① (3) ④ (4) ⑤ (5) ② (6) ⑥

   (1) 가벼운 감가라서 조금 참으면 낫겠거니 하고 약을 사 먹지 않았는데 다음 날 더 심해져서 병원에 갔다
   (2) 개인 정보 유출 사건이 나와는 관계가 없겠거니 하고 대수롭지 않게 생각했는데 내 개인 정보가 유출되었다
   (3) 만화 영화라서 유치하겠거니 하고 별 기대를 하지 않았는데 의외로 감동적이었다
   (4) 남편이 퇴근하면 출출하겠거니 하고 저녁 식사를 푸짐하게 준비했는데 남편이 회식을 하고 들어왔다
   (5) 함께 사는 친구가 깨워 주겠거니 하고 알람을 맞추지 않고 잤는데 친구도 늦잠을 자는 바람에 둘 다 지각했다
   (6) 평일이라서 식당에 손님이 적겠거니 하고 식당을 예약하지 않고 갔는데 손님이 많아 1시간이나 기다렸다

03 -(으)ㄹ 바에(야)

1. (1) 수리할 바에야 (2) 기다릴 바에야 (3) 늘어놓을 바에야
(4) 들일 바에야 (5) 팔 바에야 (6) 살 바에야

읽어 봅시다

(1) ② (2) ① 아니요 ② 아니요 ③ 아니요 (3) ① (4) ③

써 봅시다

산업의 발전으로 공장을 건설할 땅의 수요가 증가함에 따라 정부는 대규모의 갯벌을 육지로 만드는 갯벌 매립 사업을 추진하고 있습니다. 과연 갯벌을 육지로 만들어 이용하는 게 현명한 선택일까요? 갯벌 매립이 계속 진행된다면 그로 인해 오염 물질이 증가하고 주변 환경이 훼손될 수밖에 없습니다. 이렇게 훼손된 자연은 누가 보상할 것이며 어떻게 되살릴 수 있을까요? 더 이상 개발 정책을 두고 봐서는 안 됩니다. 갯벌 매립은 중단되어야만 합니다.

말해 봅시다

(1) ① (2) ③ (3) ②

제9과 주거와 생활

어휘

1. (1) 잇속 (2) 연재 (3) 경계
   (4) 총력 (5) 밀도 (6) 밀착
2. (1) 수용하기 (2) 다듬으세요 (3) 미약하지만
   (4) 긴밀한 (5) 솔깃하지만 (6) 가공해서
3. (1) 눈을 붙이세요 (2) 뜬눈으로 밤을 지새웠는데 (3) 잠이 달아나서
   (4) 졸음이 쏟아지네요 (5) 새우잠을 잤어요
4. (1) 사상누각 (2) 배산임수 (3) 사방팔방 (4) 가가호호 (5) 사면초가 (6) 동고동락

준비합시다

01 –기(에) 망정이지

1. (1) 가져갔기에 망정이지 (2) 도와주었기에 망정이지 (3) 있었기에 망정이지
   (4) 말했기에 망정이지 (5) 옮겼기에 망정이지 (6) 들었기에 망정이지

02 –(으)려고 들다

1. (1) 찾으려고 드는 것보다 (2) 헐뜯으려고 들기 때문에 (3) 해결하려고 드는 것은
   (4) 놀려고 들어서 (5) 하려고 들면 (6) 배우려고 들면

03 –(으)ㄴ/는 마당에

1. (1) 접어드는 마당에 (2) 치솟는 마당에 (3) 바쁜 마당에
   (4) 지속되는 마당에 (5) 쓰러지신 마당에 (6) 힘든 마당에
2. (1) ③ (2) ④ (3) ① (4) ② (5) ⑤ (6) ⑥
   (1) 자신의 일도 잘 처리하지 못하는 마당에 다른 사람의 일까지 도울 수 없다
   (2) 남편의 월급이 적은 마당에 사치를 부릴 수 없다
   (3) 모두가 자기 계발을 위해 노력하는 마당에 혼자 뒤처질 수 없다
   (4) 인터넷의 발달로 과거 모습이 낱낱이 공개되는 마당에 성형수술 사실을 계속 부인할 수 없다
   (5) 부모님이 유학비를 대기 위해 고생하시는 마당에 공부를 게을리할 수 없다
   (6) 무더운 여름이 다 끝나가는 마당에 에어컨을 새로 구입할 수 없다

읽어 봅시다

(1) ①　(2) ①　(3) ①　(4) ③

써 봅시다

조립식 주택의 경우 일반 주택을 건축할 때와 비교해서 건축 기간을 상당히 단축시킬 수 있으므로 건축비가 저렴하다. 공장에서 건축에 필요한 자재를 미리 제작하여 운반한 뒤 조립만 하면 되기 때문이다. 조립식 주택의 강점은 바로 이사에서 찾아볼 수 있는데 각 자재를 분리하여 원하는 곳으로 이동시킬 수 있다는 것이다. 이는 기존의 이사 방식과는 사뭇 다른 방식이 아닐 수 없다. 끝으로 조립식 주택은 실내 공간의 구성을 거주자의 요구에 맞게 다양하게 재구성할 수 있다. 시간이 지남에 따라 가족 구성원의 변화에 능동적으로 대처할 수 있을 뿐만 아니라 요구에 따라 자유롭게 실내 공간을 계획할 수 있어 주택 수요자들의 눈길을 사로잡고 있다.

말해 봅시다

(1) ① 남　② 중　③ 북　(2) ②

제10과 창작과 예술

어휘

1. (1) 대여료 (2) 허영심 (3) 여운
(4) 깨달음 (5) 반성 (6) 현실성

2. (1) 절판되지 (2) 등단한지 (3) 한몫했는데
(4) 진술하지 (5) 뛰어넘을 (6) 부질없는

3. (1) 심금을 울리는 (2) 코끝이 찡했어요 (3) 가슴이 미어지는
(4) 감명을 받았어 (5) 전율을 느꼈어요

4. (1) 감개무량 (2) 일석이조 (3) 대서특필
(4) 유언비어 (5) 일맥상통 (6) 시시각각

준비합시다

01 -건 -건

1. (1) 책을 읽건 공부를 하건 (2) 아이건 어른이건 (3) 달리기를 하건 줄넘기를 하건
(4) 취직을 하건 유학을 가건 (5) 많건 적건 (6) 쇼핑하건 저금하건

2. (1) 이용하건 (2) 연주하건 (3) 보내건
(4) 계약하건 (5) 하건 (6) 발표하건

02 -ㄴ/는다손 치더라도

1. (1) ① (2) ③ (3) ② (4) ⑤ (5) ④

(1) 귀가 닳도록 이야기한다손 치더라도 습관을 고치기는 쉽지 않다
(2) 잘못을 백번 사과한다손 치더라도 용서해 줄 마음이 전혀 없다
(3) 아무리 경험이 많다손 치더라도 세상 모든 일을 알기는 어렵다
(4) 매일 운동을 한다손 치더라도 잘못된 방법으로 하게 되면 오히려 건강을 해칠 수 있다
(5) 일찍 일어나기로 마음먹었다손 치더라도 작심삼일이면 의미가 없다

03 -(으)ㄴ/는/(으)ㄹ 바

1. (1) 아는 바 (2) 들은 바 (3) 결정된 바
(4) 상관할 바 (5) 밝힌 바 (6) 쓰인 바

읽어 봅시다

(1) 시간적 배경: 점심시간 / 공간적 배경: 토끼장

(2) ③ (3) ①

써 봅시다

소설에서는 현실에서 좌절할 수밖에 없는 나약한 사람들을 통해 삶이 얼마나 무거운지를 보여 주지만 영화에서는 가난해도 사랑과 우정이 있으며 그 속에서 아이들은 순수성을 잃지 않는다는 점을 강조한다. 소설 『아홉 살 인생』은 서울 변두리 지역을 배경으로 하지만 영화는 부산을 배경으로 함으로써 서울 지역과 서울이 아닌 지역의 차이를 사투리를 통해 보여 준다. 이러한 사실은 원작과는 차별화되는 부분이다.

말해 봅시다

(1) ① (2) ① (3) ③

지은이 소개

박진철 이화여자대학교 언어교육원 강사
연세대학교 한국학협동과정 박사 수료

조정민 전 이화여자대학교 언어교육원 전임강사
이화여자대학교 국어국문학과 박사 수료

조인숙 전 이화여자대학교 언어교육원 강사
한양대학교 신문방송학과 박사 수료

이수행 전 이화여자대학교 언어교육원 강사
상명대학교 한국학과 박사 수료

박수연 전 이화여자대학교 언어교육원 강사
연세대학교 국어국문학과 박사 수료